Manon Raiche

Le **Secret** *d'un* **Homme Riche**

Ce qu'un millionnaire m'a appris

Le Dauphin Blanc

Catalogage avant publication de Bibliothèque et Archives nationales du Québec et Bibliothèque et Archives Canada

Raiche, Manon, 1950-

Le secret d'un homme riche : ce qu'un millionnaire m'a appris

Publ. antérieurement sous le titre : Et si vous connaissiez la condition pour devenir riche?. Bourget, Ont. : Éditions Jora, c2009.

ISBN 978-2-89436-298-3

1. Succès dans les affaires. 2. Richesse. 3. Finances personnelles. 4. Tassé, Eugène, 1925-   . I. Tassé, Eugène, 1925-   . II. Titre. III. Titre: Et si vous connaissiez la condition pour devenir riche?.

HF5386.R35 2011   650.1   C2011-940595-4

Nous reconnaissons l'aide financière du gouvernement du Canada par l'entremise du Programme d'aide au développement de l'industrie de l'édition (PADIÉ) pour nos activités d'édition.

Nous remercions la Société de développement des entreprises culturelles (SODEC) du Québec pour son appui à notre programme de publication.

Infographie de la couverture : Marjorie Patry
Mise en pages : Marjorie Patry
Correction d'épreuves : Michèle Blais

Éditeur :   Les Éditions Le Dauphin Blanc inc.
            Complexe Lebourgneuf, bureau 125
            825, boulevard Lebourgneuf
            Québec (Québec) G2J 0B9 CANADA
            Tél. : 418 845-4045 Téléc. : 418 845-1933
            Courriel : dauphin@mediom.qc.ca
            Site Web : www.dauphinblanc.com

ISBN : 978-2-89436-298-3

Dépôt légal :   2ᵉ trimestre 2011
                Bibliothèque nationale du Québec
                Bibliothèque nationale du Canada

Imprimé au Canada

Limites de responsabilité

L'auteur et l'éditeur ne revendiquent ni ne garantissent l'exactitude, le caractère applicable et approprié ou l'exhaustivité du contenu de ce programme. Ils déclinent toute responsabilité, expresse ou implicite, quelle qu'elle soit.

Le **Secret** *d'un* **Homme Riche**

Je dédie ce livre à mon époux,
un homme d'une grande inspiration
et mon meilleur ami.

Manon Raiche

—⚭—

Je dédie ce livre en mémoire de mon père,
lequel m'a enseigné comment devenir riche,
alors qu'il ne savait ni lire ni écrire.

Eugène Tassé

Remerciements

Je voudrais remercier tous ceux et celles qui ont travaillé à ma table de concertation afin que la « Culture entrepreneuriale » s'enseigne dans les maisons d'éducation ;

Carrefour Jeunesse Emploi, pour avoir démarré en 2005 le projet *L'École de l'argent* à Gatineau, projet destiné aux jeunes de 16 à 35 ans, afin de les aider à développer des habiletés financières ;

L'Université du Québec en Outaouais (UQO) qui a répondu positivement à mon projet d'offrir un cours sur la Culture entrepreneuriale. Ce cours, intitulé « La gestion financière personnelle », a débuté en 2007 ;

L'Université d'Ottawa qui a compris l'importance d'enrichir la formation des étudiants, en mettant sur pied le concours *Défi de la Culture entrepreneuriale Eugène-Tassé*, en 2006. Dix étudiants du baccalauréat sont alors choisis pour élaborer des plans d'action exposant en détail la façon dont ils s'y prendraient pour atteindre leurs objectifs personnels et professionnels. D'une durée d'un an, cette compétition vise à stimuler la culture de la réussite chez les étudiants ;

SOPAR (SOciété de PARtage), qui m'a secondé et aidé à mettre de l'avant mon projet de fonder des micro-entreprises destinées aux femmes en Inde, et ce, dès 1995. Le micro-crédit est le meilleur moyen d'aider les pauvres à s'aider eux-mêmes. En 2009, plus de 80 000 femmes de 1 200 villages ont été rejointes par le programme *Femme et développement* ;

Et tous ceux et celles qui m'aident à enseigner la Culture entrepreneuriale afin que de plus en plus de gens atteignent la liberté financière.

Eugène Tassé

Table des matières

Introduction

Ce livre s'adresse particulièrement aux hommes et aux femmes qui veulent réellement que leur vie prenne le tournant de la richesse véritable. Certains se disent qu'ils veulent devenir prospères et qu'ils n'en peuvent plus de vivre sous la pression des dettes ou d'une vie ordinaire, mais malgré leur intention, ils restent toujours à la même place, sans voir leur niveau de vie s'améliorer. Ils vivent le stress de l'endettement ainsi que de nombreux tiraillements ou conflits avec leur partenaire de vie au sujet de l'argent et de la manière de le gérer.

Ces hommes et ces femmes se rendent compte que la vie qu'ils mènent ne correspond pas à leurs rêves et, pire encore, qu'ils sont en train de passer à côté de leur vie. En fait, beaucoup ont cessé de rêver, car ils ne croient plus pouvoir réaliser leurs désirs ou leurs aspirations profondes. Leur vie ressemble davantage à un jeu piégé de serpents et échelles : ils montent l'échelle lorsqu'ils reçoivent leur paie, espérant que cela ira mieux, et redescendent immédiatement dès qu'ils paient les factures qui, la plupart du temps, s'empilent. Ils ne réussissent jamais à monter au sommet, là où se trouve la liberté financière, et finissent par abandonner. Ce n'est pourtant pas faute d'efforts. C'est là d'ailleurs un des problèmes : ils déploient beaucoup d'efforts, mais aux mauvais endroits.

Ce jeu constant de serpents et échelles garde les gens dans un cercle vicieux où ils sont dans l'obligation d'aller travailler pour faire face à leurs engagements financiers. Ils deviennent, contre leur gré, esclaves de l'argent. Celui-ci leur dicte ce qu'ils pourront acheter, les voyages qu'ils se permettront ou non, la maison dans laquelle ils pourront vivre et même le nombre d'enfants qu'ils auront. Car toutes ces choses ont un prix et notre monde moderne est basé sur des transactions monétaires. L'éducation, la santé, les sports, les loisirs, la nourriture, le transport, les besoins personnels, le confort matériel, tout cela s'obtient avec de l'argent, même si l'on tente de vivre dans une certaine simplicité. Les gens en viennent à croire que la richesse est une question de chance et que certains y sont destinés alors que d'autres doivent se débattre contre des circonstances qui, semble-t-il, ne leur sont jamais favorables.

Les principes décrits dans le présent livre sont tellement puissants qu'ils vont transformer votre vie de façon radicale. De personnes confuses ne sachant plus quelles stratégies adopter pour réussir, vous allez devenir des individus à qui la réussite financière ne fera plus jamais défaut. Cette richesse s'étendra à vos relations familiales et d'affaires, de même qu'à votre capacité de contribuer et de donner autour de vous. Vous serez alors en mesure de faire une réelle différence dans ce monde.

Les gens riches répètent souvent qu'il est facile de faire de l'argent, ce qui est très frustrant pour ceux qui en ont peu et plus encore pour ceux qui travaillent fort afin d'en obtenir. Les gens pris au piège de l'endettement croient qu'on ne leur dit jamais la vérité et que les gens riches ont des secrets bien gardés. Ils ne croient pas qu'il est facile de s'enrichir, car, pour eux, la réalité est qu'il est difficile de gagner de l'argent et qu'au bout du compte, les efforts déployés n'apportent jamais la richesse tant convoitée.

Les livres portant sur la richesse présentent des stratégies, des recettes, des moyens, des « comment », et les gens qui les achètent veulent par-dessus tout connaître ces façons de s'enrichir. Ces livres sont présentés comme des méthodes infaillibles pour atteindre la richesse : la formule vous fera connaître le succès, disent-ils.

Alors, comment expliquer que malgré les millions de livres vendus sur la richesse et les moyens d'y parvenir, il n'y ait pas plus de gens riches ? Comment se fait-il que ces livres aboutissent invariablement sur une étagère à amasser la poussière sans avoir aucunement changé la vie des gens ? Je discutais affaires récemment avec un ami que je n'avais pas vu depuis longtemps et à mon grand étonnement, il m'a dit avoir lu plusieurs de ces livres à succès. Pourtant, sa vie est tout aussi ardue qu'il y a dix ans et le manque d'argent occasionne pour lui et sa famille énormément de tensions. Pourquoi donc ces lectures n'ont-elles pas radicalement transformé sa vie ?

Que manque-t-il à ces livres pour accomplir ce qu'ils annoncent pourtant ? Pourquoi les recettes fournies ne fonctionnent-elles pas ? Pourquoi ceux qui prennent le chemin de l'entrepreneuriat sont-ils si peu nombreux à atteindre leur objectif de liberté financière ? Où est le problème ? En fait, bon nombre de ces livres oublient d'aborder ce qui en définitive fait la différence et ce qui permettrait d'obtenir la réussite dans votre vie. Cet aspect négligé est pourtant fondamental, car il est l'élément qui, si vous l'avez, vous assurera la réussite et, si vous ne l'avez pas, vous fera basculer du côté de l'échec.

Il n'y a pas de limites une fois que l'on sait. C'est pourquoi les personnes riches deviennent de plus en plus riches et les personnes pauvres deviennent de plus en plus pauvres. L'écart entre les riches et les démunis ne cesse de s'élargir, tandis que la classe moyenne stagne au même endroit. Cela est bien connu ; les statistiques le prouvent amplement.

Les gens fortunés le savent bien : le succès attire le succès. Les occasions ne cessent de se présenter à eux et ils les saisissent allègrement, pour leur plus grand enrichissement. Comment se fait-il que ces mêmes occasions ne semblent pas frapper à la porte des gens pauvres ou de ceux de la classe moyenne? Ils entendent les histoires de bonne fortune des millionnaires et se disent que cela ne leur arrive jamais de rencontrer de telles circonstances.

Quand vous posséderez cette réponse, elle fera de vous un homme ou une femme riche et prospère. Vous serez comblé au-delà de vos rêves et de vos aspirations. Et portez bien attention, vous connaîtrez l'abondance dans tous les domaines de votre vie.

Il y a des gens qui ont soif de succès et qui s'enrichissent. Ils possèdent des maisons, des chalets, des entreprises florissantes, des biens matériels de toutes sortes, mais tout cela ne leur apporte pas nécessairement le bonheur. La joie et la paix intérieure sont absentes de leur vie, et ils sont souvent aux prises avec des relations instables. En fait, ils ne sont pas riches dans le sens absolu du terme. Car la richesse véritable n'est pas qu'une question d'argent. Bien sûr, elle y est associée, mais cet aspect qui vient le plus souvent à l'esprit n'en constitue qu'un élément. Les gens riches dans le vrai sens du terme vivent l'abondance sur tous les plans, tant spirituel que matériel, relationnel ou social. À quoi sert-il de vivre la richesse matérielle si les autres domaines de notre vie demeurent stériles? C'est la VIE en abondance qui est la voie réelle de la richesse.

Les qualités essentielles à la réussite sont révélées dans les chapitres qui suivent. Il n'en tient qu'aux lecteurs de les saisir. Elles y sont dévoilées clairement à travers les grands principes qui s'y rattachent, mais encore plus à travers l'expérience d'un homme reconnu pour sa richesse, sa générosité et son engagement familial et social, Monsieur Eugène Tassé.

Multimillionnaire canadien, Eugène Tassé est un homme riche de cœur et d'esprit, un homme riche aussi bien sur le plan relationnel que matériel; il connaît la différence entre la réussite et l'échec. Les vérités qui vous seront divulguées, il les a non seulement expérimentées et éprouvées, mais il les a enseignées à ses enfants – qui connaissent tous la prospérité – ainsi qu'à des employés qui l'ont un jour quitté pour se lancer en affaires et suivre ses traces sur la voie de la richesse. Que sait cet homme, à l'instar des riches de ce monde, qu'il est prêt à vous révéler ?

Le présent livre ne porte pas sur la motivation, dont les résultats sont bien éphémères. Les conférences sur la motivation rendent les gens tout feu tout flamme en l'espace de quelques instants. À la fin de la soirée, ils sont emballés et prêts à changer leur milieu, et même le monde, mais dès que le quotidien reprend le dessus, ils reviennent à leurs habitudes antérieures. Puis vient un autre conférencier populaire et, qui sait, peut-être que celui-là leur fournira la solution... Pourquoi la motivation de ces conférenciers n'a-t-elle pas d'impact à long terme ?

Beaucoup de gens parlent aussi de la loi de l'attraction, cette pensée qui se projette dans le futur et lui permet de se réaliser. Mais en fait, il y a beaucoup plus. Car si vous ne possédez pas ce qui englobe cette loi de l'attraction ou si vous n'en connaissez pas les principes sous-jacents, vous ne serez pas en mesure d'engendrer une réelle abondance dans votre vie.

Il y a un niveau que peu de gens atteignent, et c'est pourtant là que tout se joue. Les procédés utilisés pour accroître l'enrichissement se situent à un niveau bien inférieur et, somme toute, assez élémentaire, comme celui de la gestion de l'argent. Toutefois, l'abondance qui s'étendra à tous les domaines de votre vie est déclenchée à un niveau supérieur qui englobe tous les autres.

La spirale qui entraîne la très grande majorité des gens vers la pauvreté peut être renversée, mais elle ne peut pas l'être uniquement par le biais de recettes « magiques » ou de modes d'emploi. La différence entre les gens vraiment riches et ceux qui sont pauvres ou dans la classe moyenne réside à un autre niveau, et c'est ce que vous allez découvrir dans les pages qui suivent.

Manon Raiche

1

Comment s'en sortir?

Robert est un homme de carrière qui semble avoir réussi assez bien. Il travaille toujours avec acharnement, amenant parfois du travail à la maison le soir afin de respecter ses échéanciers et de prouver ses capacités à ses employeurs. Toujours prêt à en faire un peu plus, ce n'est pas la paresse qui le caractérise, certes non. S'il y a quelqu'un dans l'entreprise qui se donne à cent pour cent, c'est bien lui.

Il fait tout cela avec l'intention de gravir les échelons, d'augmenter son salaire et de jouir toujours davantage des bienfaits de la vie avec sa famille. Il est ambitieux et habité par un désir d'aller toujours plus haut; c'est du moins ce qu'il se répète continuellement. Son ambition est toutefois bien dosée : il n'est pas question qu'il devienne un arriviste ou qu'il nuise à quelqu'un pour atteindre ses buts.

Robert travaille actuellement sur un gros dossier qui exige beaucoup de temps et de concentration. Le problème, c'est qu'il a toutes les difficultés à se concentrer sur le projet, car ses idées voguent bien ailleurs. Il ne fait que penser au gouffre qui lui semble si près.

Le téléphone sonne et le fait sursauter. C'est John, son directeur, qui lui annonce une réunion d'équipe sur le projet TASSÉ en fin d'avant-midi. Il soupire, rassemble tous ses papiers et tente d'y mettre un peu d'ordre, essayant tant bien que mal de se rappeler le concept publicitaire auquel il en est arrivé. Il sait que ce projet est capital, car non seulement il permettra à l'entreprise de signer un important contrat avec un magnat du secteur immobilier, mais il lui permettra de faire vraiment sa marque dans le monde si compétitif de la publicité. Il y travaille depuis déjà plusieurs semaines, et le moment tant attendu approche.

Une heure plus tard, il se trouve dans la grande salle du conseil avec ses coéquipiers, assis assez près de son directeur sans être nécessairement à ses côtés. Il a toujours compris l'importance d'être vu. Il se rappelle encore d'une conférence donnée par un entrepreneur alors qu'il était étudiant à l'université. Un des participants lui ayant demandé comment se démarquer dans une entreprise où règne la concurrence entre collègues, l'homme avait répondu au moyen d'un simple exemple : lorsqu'un patron pose une question à ses employés, ce qu'il veut en réalité, c'est moins connaître la réponse que voir s'ils vont faire preuve d'innovation. Robert a bien saisi le conseil et il s'assure toujours de se distinguer par des réponses novatrices. Il les communique avec enthousiasme et assurance et, effectivement, cela a attiré l'attention de son patron John et des directeurs de l'entreprise.

Robert tente, et c'est là une de ses grandes qualités, de pousser plus loin la réflexion et la créativité. Il se souvient d'un article qu'il avait lu sur le Cirque du Soleil et qui parlait de l'importance de la créativité et des idées inédites. Les numéros qui ont déjà été faits par le passé sont éliminés dès le départ. Tout doit être entièrement nouveau. Il s'agit de faire table rase et de penser différemment. On comprend vite pourquoi le Cirque du Soleil s'est démarqué au point de devenir l'une des plus grandes entreprises artistiques québécoises à travers le monde. Toute chose doit être nouvelle sous le chapiteau du Cirque.

Une collègue, Myriam, arrive à sa suite et dépose son cartable sur la table, puis s'assoit à côté de Robert. Il estime beaucoup cette collègue de travail qui est toujours souriante ; son ton de voix est affable et ses propos sont toujours positifs à l'endroit de tout le monde. Elle est de dix ans son aînée. Le fait de la savoir tout près réduit pour quelques instants le stress qui habite Robert, comme si côtoyer quelqu'un de calme l'apaisait aussi.

« Bonjour, Robert, comment ça va ? » lui demande-t-elle avec une voix remplie de gaieté.

« Pas trop mal », répond-il avec plus ou moins de conviction, d'un ton insipide qui n'échappe pas à Myriam.

Il manque d'assurance aujourd'hui. Le stress l'a envahi depuis quelques jours déjà, et même s'il fait tout ce qu'il peut pour avoir l'air décontracté et donner l'impression que tout va bien, il se sent tourmenté et il est de moins en moins capable de le cacher. En fait, une bonne partie de ses énergies lui servent à dissimuler toute la tension qui l'habite.

John arrive, regarde l'ensemble des employés et prend place au bout de la table. Il salue tout le monde et demande un compte rendu à chacun sur le dossier TASSÉ. Georges, l'un des plus anciens employés de l'entreprise, prend la parole en premier et explique le plan médias qu'il entend mettre de l'avant et la synergie qu'il souhaite créer entre les journaux, la radio, la télévision et l'Internet. La campagne publicitaire deviendra ainsi quasi omniprésente au cours des deux prochains mois. Le placement médias n'a pas de secrets pour lui. Il a une telle connaissance des publics rattachés aux différents médias et aux émissions de télévision que son choix stratégique marque des points à chaque fois. Robert apprend beaucoup de lui depuis qu'il s'est joint à l'entreprise, d'autant plus que Georges n'est pas le genre de collègue qui garde ses secrets pour lui. C'est pour cela que Robert aime bien causer avec lui pendant les pauses, du moins quand il en a le temps.

Joël est l'un des concepteurs publicitaires de l'entreprise. Il est arrivé il y a un an et se débrouille assez bien, surtout avec les calembours. Il a un talent particulier pour les jeux de mots remplis de finesse et d'humour. Un peu nerveux, il présente son concept publicitaire, qui fait rire spontanément toutes les personnes présentes. Même Robert esquisse un sourire malgré ses tracas. Il se sent soudainement un peu jaloux de son collègue. C'est un sentiment qu'il éprouve rarement, et il sait que cela est dû à sa situation qu'il voudrait bien oublier. Il est en mal d'idées ces temps-ci et le fait de voir Joël exubérant lui donne envie du même succès.

Sachant que son tour s'en vient, Robert essaie par un effort de volonté de faire taire les voix intérieures qui l'assaillent. Il n'arrive pas à se concentrer sur sa présentation, car ses pensées sont constamment dirigées vers la peur qu'il ressent. Enfin, à la demande de John, il montre les premières illustrations de la campagne publicitaire, tout en étant bien conscient qu'il n'a pas encore trouvé l'idée géniale pour la promotion. Comment pourrait-il avoir des idées brillantes alors que son esprit est à ce point perturbé par le stress ? Il sait bien que la création est étroitement liée à la capacité de relaxer, d'avoir l'esprit dégagé, de jouer avec les idées et de faire des associations originales. L'imagination et la créativité demandent ce qu'il appelle un esprit disponible et ouvert. Or, Robert se sent tout à fait à l'opposé de ce contexte propice à la créativité. Ses pensées entremêlées l'empêchent en ce moment d'atteindre cette liberté d'esprit si importante pour un concepteur de publicité.

John, Georges, Myriam et tous les autres le regardent et il sait déjà que son idée ne sera pas retenue. Myriam lui lance un regard encourageant.

« Ne t'en fais pas. Ce sera pour la prochaine fois », murmure-t-elle en se penchant légèrement vers lui.

John insiste auprès de toute l'équipe sur l'importance de poursuivre le travail et même de redoubler d'ardeur, car vendredi est le jour J, celui où le concept publicitaire sera présenté au client. Robert sent que ces dernières paroles s'adressent particulièrement à lui. Tout le monde se lève. Il est parmi les derniers à quitter les lieux.

Georges, en homme perspicace, a bien remarqué le trouble de Robert. Il voit que quelque chose cloche et il prend son temps pour sortir, afin de rester un moment seul avec lui.

« Comment ça va, Robert ? »

« Ça va », dit-il d'un ton monocorde.

Mais Georges perçoit l'agitation qui habite son collègue et devine que cela n'a rien à voir avec le travail.

« Y a-t-il quelque chose que je peux faire pour toi, Robert ? » demande-t-il doucement.

« Non, rien, je te remercie. Ça va aller… », répond-il en s'apprêtant à sortir de la salle. « C'est juste un peu de fatigue. »

Georges n'insiste pas, voyant bien qu'il n'en saura pas plus.

Robert retourne à son bureau en se disant qu'on ne parle pas aux collègues du genre de problème qui le ronge. En fait, il a extrêmement honte de ce qui lui arrive.

Il y a quelques jours, il avait deux messages qui l'attendaient sur le répondeur téléphonique à la maison. Le premier venait de sa banque et disait qu'un chèque de quelques centaines de dollars qu'il avait signé était sans provisions et que son compte était à découvert ; le deuxième provenait du greffier de la ville et lui annonçait que sa maison serait mise aux enchères dans dix jours s'il ne payait pas d'ici là ses arrérages de taxes municipales au montant de quelques milliers de dollars. Rien qu'à cette idée, il perd le sommeil. Il n'aurait jamais cru que ces arrérages étaient si importants. Mais voilà, il faut qu'il trouve 6 452 dollars dans les dix prochains jours. C'est une tuile qui lui tombe sur la tête. Il ne va tout de même pas perdre sa maison pour trois ans de taxes impayées, ça n'a pas de sens ! Une maison qui vaut presque 250 000 dollars.

Il profite de l'heure du lunch pour appeler à la banque et demander un prêt personnel. L'attente se fait longue au bout du fil. Finalement, il parle à un agent de financement qui lui dit qu'il va le rappeler en après-midi après étude de son dossier. Il essaie de manger, mais il n'a pas faim. Aussi bien se remettre au travail, pense-t-il. Mais il regarde souvent l'horloge, attendant avec impatience l'appel de l'agent. Deux heures plus tard, le téléphone sonne. « Enfin ! » dit-il tout haut en voyant le numéro de la banque sur l'afficheur. D'une voix plutôt froide, l'agent lui indique qu'aucun prêt ne peut lui être accordé en raison de son niveau d'endettement familial trop élevé. « Même pas une deuxième hypothèque ? » demande-t-il comme une faveur. La réponse est non, sans équivoque.

Robert comprend qu'il va devoir trouver une autre issue. Il ne peut pas emprunter auprès de ses amis. La somme est trop importante pour qu'il fasse appel à des amis ou même à sa mère. Peut-être pourrait-il essayer d'emprunter à trois ou quatre personnes ? Il se souvient l'avoir fait dans le passé et avoir eu du mal à rembourser. Il ne se voit donc pas recommencer la même chose, et surtout il ne se sent pas capable d'affronter le regard de ses amis, et, encore moins, celui de sa mère.

Il pense alors aux compagnies privées de financement. Il a des haut-le-cœur juste à songer aux taux d'intérêt exorbitants que ces compagnies exigent. Il s'en souvient comme si c'était hier. En fait, sa dernière expérience avec ce genre de compagnie remonte à quatre ans. Il avait été estomaqué de payer un taux d'intérêt de trente pour cent, et il s'était pourtant juré à l'époque de ne jamais plus y avoir recours. Que s'est-il passé durant ces quatre années pour qu'il se retrouve dans la même situation gênante ?

Il regarde l'heure et se dit qu'il passera à la compagnie de financement avant de rentrer à la maison après le travail. Pas question de les appeler et d'avoir un « non » impersonnel. Il prend le téléphone et appelle sa femme Michelle pour lui annoncer les mauvaises nouvelles et pour voir si elle a eu plus de chance de son côté. La conversation est brève et froide.

Il quitte le bureau dès 17 heures et s'empresse d'aller à la succursale la plus proche. Il y entre à reculons, sachant déjà les questions qui lui seront posées. Encore une fois, il éprouve de la honte. Il doit bien admettre que s'il n'a pas payé les taxes municipales pendant trois ans, c'est plus par négligence qu'autre chose. Au fond, il sait bien que sa femme et lui ont préféré dépenser cette somme autrement en se disant que reporter le paiement un peu plus tard n'aurait pas vraiment de conséquences. Puis, ils ont oublié... Cette négligence pourrait maintenant leur coûter leur maison.

Il s'assoit à l'invitation d'une employée de la compagnie et répond à toutes les questions relatives aux revenus et dépenses. Il voit bien que l'agente est surprise de la situation, car Michelle et lui ont de bons revenus. Elle lui suggère d'ajouter au prêt les soldes impayés de leurs cartes de crédit. Il acquiesce. Elle termine l'entretien en disant qu'elle va soumettre la demande au directeur et qu'il aura une réponse le lendemain matin.

Robert arrive à la maison à temps pour souper avec son épouse et leur petite fille Sarah, âgée de quatre ans. Le souper se passe sans grande conversation, sauf avec Sarah qui montre avec plaisir ses dessins faits à la garderie et qui apporte ainsi une bouffée d'air pur dans cette journée déprimante. Il est heureux de voir que leur situation financière malsaine semble échapper à sa fille.

Une fois Sarah au lit, Michelle et lui ne se disent presque rien. La tension est forte, car ils se blâment l'un l'autre de leur négligence réciproque. Michelle va finalement se coucher, mais Robert n'a pas envie de dormir. Il regarde autour de lui comme pour faire un inventaire des choses qu'ils possèdent et qu'ils pourraient vendre. Son dispositif de cinéma maison de 6 000 dollars ? Il ne faut pas y penser. Il en obtiendrait peut-être 2 000 dollars et encore, ça n'est pas certain. Il observe la maison bien meublée, trop bien meublée, dans laquelle ils vivent. Ils ont deux automobiles à la porte ; ils se sont toujours dit qu'ils en avaient besoin car leurs horaires de travail sont décalés de deux heures. C'est donc Robert qui amène Sarah à la garderie le matin et Michelle qui va la chercher le soir. Une à une, il repasse ainsi toutes les dépenses qu'ils ont faites, justifiant dans sa tête le bien-fondé de chacune, mais une petite voix intérieure lui murmure qu'ils vivent bien au-delà de leurs moyens.

Il ne sait plus comment aborder la situation. Ses pensées se bousculent et il est incapable d'en arrêter le tourbillon. Il se sent coincé comme dans un étau. Il va sur l'Internet et regarde pour la dixième fois le solde de ses comptes bancaires, comme s'il espérait trouver tout à coup une réserve d'argent qu'il n'aurait pas vue la fois précédente. Mais peine perdue.

Il réalise que Michelle et lui vivent vraiment d'un chèque de paie à l'autre et que le moindre événement inattendu les amène au bord du gouffre.

Finalement, à 2 heures 30 du matin, il se couche et s'endort. La nuit lui a fait du bien, mais aussitôt éveillé, il se souvient de l'état catastrophique de leurs finances et la même tension envahit tout son corps, comme une vague de fond. Il se lève, fait sa toilette et s'occupe de Sarah. En déposant la petite à la garderie, il voit d'autres parents qui ont l'air heureux et les trouve chanceux de ne pas avoir ses soucis. L'herbe est décidément plus verte chez le voisin.

Arrivé au travail, il salue quelques collègues et s'enferme dans son bureau en essayant de travailler, mais il est incapable de se concentrer, il attend impatiemment l'appel de la compagnie de financement.

Après un certain temps, n'en pouvant plus, il se décide à téléphoner. Au bout du fil, la dame lui dit qu'elle s'apprêtait justement à communiquer avec lui. Elle lui annonce que le prêt est accordé sous forme de deuxième hypothèque. Il se sent soulagé, comme si une tonne de briques tombait de ses épaules, et en même temps, il est conscient du fardeau que cela va représenter pour leur budget. Il vient d'échapper *in extremis* à une situation plus que désastreuse. En y repensant, il se promet bien que c'est la dernière fois qu'une telle chose se produit dans sa vie. Il appelle aussitôt Michelle pour la mettre au courant. Ils doivent passer signer les papiers en fin de journée avec les documents légaux confirmant la possession de leur maison et les preuves d'assurance habitation.

Il parvient à travailler sur le projet TASSÉ, mais il est trop fatigué pour arriver à de quelconques résultats.

Le soir, c'est la signature des papiers. Les paiements seront émis le lendemain au nom de la ville et des banques émettrices des cartes de crédit. Il a l'impression que la compagnie ne leur fait pas confiance en envoyant les paiements directement aux créanciers. Il se dit par contre qu'ils ont dû en voir de toutes sortes et il se plie à la procédure. Michelle et lui rentrent à la maison sans parler, chacun gardant pour soi ses sentiments de honte et de culpabilité. Robert s'en va tôt au lit, car il ne lui reste qu'une journée pour mettre les bouchées doubles dans le dossier TASSÉ.

Le lendemain, il travaille de manière plus alerte et son expérience l'aide grandement à mettre des idées sur papier et à pondre un bon concept publicitaire. En fin de journée, John ordonne la tenue d'une dernière réunion avant la présentation du concept au client. Robert se sent plus à l'aise que la fois précédente, car il est assez content de son idée. À la fin de la réunion, John, qui semble lui aussi satisfait du concept présenté, lui demande d'assister en compagnie de Georges, Joël et Myriam à la rencontre du lendemain matin avec le client.

Après tout ce qu'il vient de vivre, Robert est à la fois ravi et curieux de rencontrer cet homme dont on dit qu'il est l'un des plus riches de la région et que tout lui sourit. Il a même entendu dire qu'il aurait pu prendre sa retraite à 35 ans tellement sa fortune était déjà grande à cet âge. Il se demande bien quel peut être le secret d'une telle réussite. Comment se fait-il que certains parviennent à la richesse alors que d'autres, comme lui, se débattent constamment avec des problèmes d'argent ?

Le lendemain matin, Robert est de bonne humeur en arrivant au bureau. Il salue avec un large sourire la réceptionniste et se prépare mentalement à rencontrer ce fameux multimillionnaire qui connaît le secret de la richesse. Son nom est Eugène Tassé. Il possède plus d'un millier de logements locatifs et une dizaine de centres commerciaux. Robert a entendu parler de lui, notamment par les médias, mais surtout en raison du projet sur lequel il travaille. Il sait qu'il a fait fortune dans l'immobilier et dans les marchés d'alimentation. Il sait aussi qu'il donne parfois des conférences à l'université dans le cadre de cours sur la gestion financière. Il se dit qu'il aimerait bien assister à une de ces conférences un jour.

Dix minutes avant la rencontre, il est déjà dans la salle du conseil avec ses croquis. Les autres arrivent à tour de rôle avec cette fébrilité des grands jours. Deux minutes avant l'heure prévue, on entend la réceptionniste qui accueille cordialement monsieur Tassé dans la pièce voisine. « On dit de lui qu'il est toujours à l'heure et c'est bien le cas », pense Robert en jetant un coup d'œil à l'horloge sur le mur.

Eugène Tassé entre dans la salle d'un pas alerte malgré ses quatre-vingts ans bien sonnés. John est à ses côtés et fait les présentations. Il tend la main à chacun et Robert aime sa poignée de main vigoureuse. Son visage est souriant et très chaleureux. Son ton de voix et ses propos dénotent une belle vivacité d'esprit. Robert se concentre sur son travail ; il aime faire bonne impression sur les clients, et cela fait également partie de la culture d'entreprise d'une boîte de publicité.

La réunion commence. John donne le mot d'ordre et chacun présente sa partie de la campagne publicitaire. Tout au long des présentations, Robert éprouve un désir grandissant de discuter en privé avec cet homme. Mais comment faire pour décrocher un rendez-vous ?

La réunion se déroule avec efficacité et Robert remarque qu'Eugène Tassé écoute avec beaucoup de présence tout ce qui est dit, posant les bonnes questions, tel un homme d'affaires averti. Il semble bien satisfait de la campagne orchestrée par John et ses employés. À la fin de la présentation, il prend le temps de parler un peu avec chacun. Robert se sent nerveux et son cœur bat un peu plus vite. Après avoir échangé quelques mots de courtoisie avec M. Tassé, il lui demande sans détour s'il pourrait le rencontrer en privé. Il se souvient toujours du proverbe « qui ne risque rien n'a rien », et cette approche un peu fonceuse l'a assez bien servi en général. Eugène Tassé ne paraît pas surpris ; il le regarde avec un sourire aimable et un regard perspicace, capable d'apercevoir ce qui échappe à la plupart des gens. Robert se demande bien ce qu'il peut penser de lui en cet instant précis. M. Tassé lui répond simplement d'appeler sa secrétaire pour fixer un rendez-vous.

De retour à son bureau, Robert cherche à comprendre comment il a pu faire une telle demande. La tension des derniers jours y est très certainement pour quelque chose, mais il a aussi été poussé par un désir quasi désespéré de s'en sortir. Il s'étonne encore plus de la facilité avec laquelle il a obtenu un rendez-vous avec cet homme riche. Il trouve dans le bottin de téléphone le numéro des Entreprises Eugène Tassé et le compose sans hésiter. Une voix avenante lui répond, et il explique qu'il souhaite obtenir un rendez-vous avec M. Tassé. Son appel est transféré à la secrétaire personnelle de celui-ci. Sur un ton tout aussi aimable, la secrétaire le questionne sur le motif de la rencontre. Il répond en balbutiant qu'il a rencontré l'homme d'affaires plus tôt aujourd'hui… et qu'il a accepté de le rencontrer sur une base personnelle. La secrétaire ne semble pas trop étonnée de la requête exprimée plutôt maladroitement. Avec discrétion, elle lui demande simplement s'il serait disponible lundi matin, même s'il s'agit d'un congé férié. M. Tassé aurait plus de temps à lui accorder.

« Vous devrez toutefois vous rendre à son domicile. Est-ce que cela vous convient ? » demande-t-elle.

« Oui, bien sûr », dit-il avec empressement comme si cette offre inespérée allait s'évanouir s'il ne répondait pas assez vite. En terminant, la secrétaire lui donne l'adresse et les indications pour se rendre au domicile de M. Tassé.

Robert raccroche, encore abasourdi par la rapidité avec laquelle il a obtenu le rendez-vous. Les pensées défilent dans sa tête à une vitesse hallucinante. Il se demande quelles sont les questions les plus brillantes qu'il pourrait bien poser à l'homme d'affaires. Il a tellement hâte à ce rendez-vous ! L'idée du week-end à passer lui semble bien long…

2

Le secret derrière le secret

« Vous êtes aujourd'hui là
où vos pensées vous ont mené.
Vous serez demain là
où vos pensées vous conduiront. »

— James Allen

Robert se réveille tôt ce lundi avec l'aide de ce petit cadran interne annonçant un jour crucial. Il s'apprête aujourd'hui à rencontrer un homme vraiment prospère. Il se demande s'il ne rêve pas tout éveillé. Il a l'impression qu'il va trouver une clé essentielle à sa vie. Il désire ardemment ne plus avoir de problèmes financiers et, mieux, vivre sans aucun souci d'argent.

Comment a-t-il fait pour devenir si riche en si peu de temps, se demande-t-il en pensant à Eugène Tassé. Il en a parlé la veille à Michelle, qui a réagi plutôt froidement à l'annonce de sa rencontre avec le multimillionnaire. Elle ne voit pas en quoi cela va réellement changer leur vie. Après tout, la vie de cet homme riche est bien éloignée de la leur, et il ne va pas leur donner d'argent non plus ! Elle ne sait donc pas quoi penser de cette rencontre.

Robert se prépare, mange un peu, puis enfile son complet comme si c'était un jour de travail, car il veut faire bonne impression. Pas question non plus d'être en retard !

Lorsqu'il arrive sur la route qui mène à la demeure d'Eugène Tassé, il ne sait pas du tout à quoi s'attendre et cela le rend un peu nerveux. Il s'inquiète de ce que le multimillionnaire va lui demander et de ce qu'il pourra bien lui répondre d'intelligent.

Il sort de sa voiture et examine discrètement la maison de pierres aux couleurs chaudes malgré le matériau. À l'entrée, il remarque les lettres d'étain E.T. apposées sur la première colonne de pierres. Les lettres le font sursauter et sourire, car elles lui font penser au célèbre film de Spielberg, *E.T.* Il n'avait jamais fait la relation entre les initiales du nom d'Eugène Tassé et le film. Il trouve cela drôle et cette petite diversion le rend d'humeur agréable et réduit du même coup un peu le stress de sa rencontre imminente avec lui.

La maison respire le confort et l'aisance. Il aimerait bien vivre dans un tel endroit, mais il se dit que cela n'est pas pour lui et ne sera jamais pour lui. S'il pouvait juste s'en tirer mieux... Il franchit les quelques pas qui le mènent à la porte, sonne, et pendant quelques instants interminables, il a l'impression de rêver. Enfin, la porte s'ouvre et il aperçoit Eugène Tassé.

« Bonjour, Robert », dit celui-ci avec un large sourire et avec le même ton de voix accueillant et chaleureux que la dernière fois. Il lui serre la main, et Robert reconnaît cette poignée de main énergique.

« Bonjour, M. Tassé », répond-il avec une voix qui se veut assurée.

« Venez, Robert, nous allons nous installer à l'arrière de la maison et profiter de ce beau matin ensoleillé. » Ils traversent un premier salon, puis une salle où se trouve un piano sur lequel il aperçoit quelques partitions. Trois larges portes donnent sur la cour arrière ; cela illumine grandement la pièce et la pacifie. Le coup d'œil sur l'arrière est des plus agréables : de vieux arbres bien disposés agrémentés de plates-bandes de fleurs entourant une belle sculpture en fer forgé. Un peu plus loin se trouve une table à l'ombre d'un chêne majestueux, et c'est là que M. Tassé l'invite à s'asseoir. La table et les chaises reposent sur un patio en forme de jardin-couloir fait de dalles bien agencées. L'endroit offre un magnifique coup d'œil sur la rivière et reflète une harmonie subtile qui prédispose bien à la rencontre. Robert se sent détendu.

« Voulez-vous un café ? » lui demande M. Tassé. Un pot de café et des tasses sont disposés sur la table.

« Merci. Oui, j'en prendrais bien un », répond Robert en quittant momentanément des yeux l'environnement calme et splendide.

« Alors, jeune homme, que désirez-vous réellement apprendre ? »

« Votre secret », répond Robert sans la moindre hésitation. « On dit que vous acceptez de révéler le secret qui vous a permis de devenir l'un des hommes les plus riches de la région. Consentiriez-vous à me le divulguer ? » ajoute-t-il avec une certaine appréhension.

« Bien sûr, jeune homme. Vous savez, à mon âge, c'est sans doute une des choses qui me fait le plus plaisir : transmettre mon expérience de plus de 60 ans en affaires. J'aime particulièrement discuter avec des jeunes comme vous pour qu'ils apprennent le plus tôt possible dans la vie le secret de la richesse. Je l'ai fait avec mes enfants et avec mes employés, et c'est la raison pour laquelle j'ai aussi lancé des projets dans les universités de la région.

« Mais avant que je vous le révèle, j'ai une question pour vous. Pourquoi désirez-vous connaître ce secret ? »

Robert regarde l'homme d'affaires et le sait avisé ; il comprend que rien ne sert de lui mentir ou de lui cacher quoi que ce soit. Sur un ton navré, il lui explique donc la situation dans laquelle il s'est retrouvé quelques jours auparavant.

« Je me trouve dans une situation embarrassante financièrement et j'en ai assez de vivre de cette façon, avec rien dans les poches et le stress constant de me demander s'il y a assez d'argent dans mon compte pour payer les factures. Je ne comprends pas où va l'argent. Ma femme et moi avons de bons salaires, mais quand la fin du mois arrive, il ne reste plus rien. Je ne sais pas ce qui se passe. Je ne sais pas où file l'argent. C'est déprimant. On n'a jamais un sou devant nous. Cela fait tout de même une quinzaine d'années que je travaille et c'est toujours la même chose. »

Robert se sent honteux et préfère éviter le regard d'Eugène Tassé pendant qu'il lui fait cette confidence. Pour lui, cet aveu est une confession de ses échecs. Après un moment, il croise le regard de l'homme assis en face de lui, s'attendant à y lire une forme de reproche. Il est surpris d'y voir de la compassion. Il ne ressent aucun jugement de la part de son interlocuteur et cela le rassure profondément. Il a l'impression soudain d'être en compagnie d'un père ou d'un bon ami, le genre d'ami à qui on raconte tout, même l'inavouable. Le sourire affectueux de l'homme d'affaires l'encourage à poursuivre. « Aussi bien crever l'abcès et y voir plus clair par la suite », se dit-il.

« Ne vous inquiétez pas, Robert, il n'y aucune situation, aussi grave soit-elle, qui soit insoluble. Et on peut s'en sortir beaucoup plus rapidement que vous le croyez.

« En fait, j'aimerais vous inviter à un jeu qui vous dévoilera tous les secrets de la richesse. Êtes-vous prêt à jouer ? »

Robert le regarde avec attention, surtout qu'il ne s'attendait pas au mot « jouer » dans la bouche de cet homme d'affaires qui doit pourtant être très sérieux.

« Oui, je veux bien », répond-il en se demandant de quel genre de jeu il peut s'agir.

Eugène Tassé approche de lui une boîte et en sort deux petits paquets de cartes. Sur l'un des paquets, il lit le mot « Richesse » et sur l'autre, le mot « Pauvreté ».

En plaçant une carte puis l'autre devant lui, Eugène Tassé poursuit : « Robert, si je mets devant vous la richesse et la pauvreté, laquelle choisissez-vous ? Ces cartes sont le reflet direct de la vie. Choisissez-vous la richesse ou la pauvreté dans votre vie ? »

Robert est interloqué par la question.

« Voyons, on ne choisit pas la richesse ou la pauvreté ! C'est un ensemble de circonstances qui amène les choses à basculer d'un côté ou de l'autre. Il y a des gens qui naissent riches, d'autres pauvres, et on ne peut rien y changer. Il y a les chanceux et les malchanceux. Il y a ceux à qui tout sourit et ceux à qui rien n'est favorable. Il y a ceux qui ont un bon emploi et ceux qui perdent leur emploi. La richesse et la pauvreté ne sont pas une question de choix », lance Robert assez perplexe devant la direction que prend la conversation.

« Eh oui, Robert, tout est question de choix », assure Eugène Tassé en pesant bien chacun des mots. « Il est certain que l'enfant qui naît en Inde dans un bidonville et l'enfant de Bill Gates ne sont pas à la même place », précise-t-il avec sensibilité, « mais j'y reviendrai plus tard en vous racontant l'histoire extraordinaire de dizaines de villages en Inde qui sont devenus autonomes financièrement en suivant mon secret. Pour le moment, retenez simplement ceci : la richesse et la pauvreté sont bel et bien une question de choix. »

Robert reste saisi par la réponse de cet homme qui n'a pourtant pas l'air de vouloir s'amuser à ses dépens.

Il a toujours vu les choses d'une tout autre façon, persuadé que les gens subissent les circonstances de la vie plus qu'ils les choisissent. Il appelle ça la destinée, une puissance souveraine qui règle d'avance tout ce qui doit nous arriver dans la vie. Il pense entre autres aux enfants des quartiers très pauvres de son enfance qui faisaient rire d'eux à cause de leurs vêtements démodés. Selon lui, ces enfants n'avaient pas le choix d'être pauvres ou non.

Il fait part de ces souvenirs d'enfance à Eugène Tassé, qui hoche la tête et lui répond : « C'est effectivement bien triste que des enfants vivent dans une telle pauvreté que cela nuit même à leur développement physique et mental.

« Toutefois, à l'âge adulte, nous pouvons choisir de prendre le contrôle de notre vie et d'en changer le cours. Tout est une question de choix. »

Après quelques instants de réflexion, Robert lui répond : « Si je comprends bien, vous voulez me faire voir la différence entre une attitude de victime et une attitude de responsabilité personnelle. »

« Vous comprenez très vite, Robert ! » s'exclame Eugène Tassé.

« C'est cependant un point de vue que la plupart des gens ne veulent pas entendre. Pour justifier ce qui leur arrive, ils préfèrent blâmer quelqu'un ou quelque chose : leur patron, leur conjoint, leurs enfants, la hausse du coût de la vie, la concurrence d'un collègue, les taux d'intérêt trop élevés, ou encore des "il faut"… Il faut que les enfants portent des vêtements dernier cri ; il faut acheter une autre voiture ; il faut ceci, il faut cela…

« À chaque instant, nous sommes placés devant des choix, et tout choix entraîne ses conséquences. Alors si nous avons quelqu'un à blâmer, c'est bien nous et personne d'autre », affirme l'homme d'affaires.

Robert ne peut faire autrement que de penser à la fâcheuse situation dans laquelle il s'est placé. C'est bien vrai, il est responsable des choix qu'il a faits. Pourtant, dans son for intérieur, il préfère blâmer la ville de ne pas les avoir avertis davantage et d'avoir menacé de vendre leur maison à l'encan, ou se plaindre des compagnies de financement et de leurs taux d'intérêt trop élevés.

« J'avoue que vous avez raison sur bien des points. Mais attendez… Si je suis bien votre raisonnement, cela veut dire que je peux réellement choisir entre la richesse et la pauvreté ? » demande Robert avec un doute dans la voix.

« Oui, mais il y a un secret. Et pour connaître ce secret, vous devrez vous engager sur une voie différente. Êtes-vous prêt à choisir une nouvelle façon de faire les choses ? Encore une question de choix… Si vous voulez faire comme les autres, vous aurez les mêmes résultats qu'eux. Regardez autour de vous le nombre de personnes qui sont prises à la gorge par leurs ennuis financiers. Les médias ne cessent de parler de l'endettement, des faillites, des problèmes économiques. Vous ne pouvez plus faire comme eux si vous voulez passer du côté de la richesse. Vous devez changer votre façon de penser, vos attitudes, vos actions. Si vous répétez vos actions passées, vous obtiendrez les mêmes résultats. C'est assez simple comme adéquation, non ? Si vous continuez de vivre comme vous le faites maintenant, vous resterez avec vos soucis financiers », dit-il en détachant chacun des mots comme pour les imprimer dans la tête de Robert.

Comprenant fort bien après la semaine qu'il vient de passer, celui-ci hoche la tête en signe d'assentiment.

« Voulez-vous toujours que je vous révèle mon secret le mieux gardé ? » demande Eugène Tassé bien simplement.

Empressé, Robert fait signe que oui.

« Le voici : entreprendre sa vie », prononce-t-il lentement.

Robert, abasourdi, le regarde sans comprendre.

« Euh… c'est ça votre secret ? Entreprendre sa vie ? Mais qu'est-ce que ça veut dire ? » murmure-t-il, visiblement déçu. Il s'attendait à une formule économique, à une stratégie d'initié ou du moins à un secret qui ait l'air d'un « vrai » secret.

Eugène Tassé l'observe et ajoute :

« Il y en a qui appellent ça la culture entrepreneuriale, mais les gens ne comprennent pas vraiment la signification de cette expression. Par "culture", j'entends les habitudes acquises qui, avec le temps, façonnent le comportement. L'enchaînement se fait ainsi : les pensées entraînent des émotions, les émotions entraînent des paroles et des actions, les actions entraînent des habitudes et les habitudes entraînent des comportements. Tout cela forme votre caractère.

« Le qualificatif "entrepreneurial" renvoie plus au fait que la personne doit se charger de l'exécution d'un projet de vie. Une vie, ce n'est pas quelque chose de vide ; cela comporte une dimension cruciale d'accomplissement. Vous devez accomplir la vie que vous voulez, ce qui veut dire, encore une fois, qu'il vous faut la choisir. Avez-vous vraiment choisi la vie que vous vivez maintenant, Robert ? »

Robert est bien songeur. Jamais il n'avait entendu dire qu'on pouvait choisir sa vie. Il a soudain l'impression qu'il n'a pas choisi grand-chose. Ses études professionnelles en publicité, sans doute, et aussi son mariage avec Michelle… Mais chose certaine, il n'a pas choisi l'agence pour laquelle il travaille. Il a plutôt sauté sur le premier emploi disponible, pourvu que l'agence ait bonne réputation.

Plongé dans ses réflexions, il sursaute en entendant la voix d'Eugène Tassé qui poursuit :

« Il faut rendre réelles les choses que vous désirez. Il faut les choisir et ensuite s'employer à les réaliser, et non se laisser ballotter au gré des événements. Bref, il s'agit d'entreprendre tous les aspects de sa vie pour accéder au bonheur et à la richesse. Voyez-vous, la richesse englobe votre façon de penser, vos actions, vos attitudes, vos projets et, je dirais même plus, votre projet de vie.

« Un projet de vie… », répète Robert.

« Oui. Entreprendre sa vie dans toutes les dimensions qu'elle comporte : un sentiment de bonheur intérieur, une vie familiale exceptionnelle, le succès financier, la contribution au sein de la communauté, pour ne nommer que celles-là.

« Réussir sa vie dépasse largement la seule sphère des finances ! J'ai vite compris qu'il s'agissait d'un tout et que chaque partie de ma vie avait autant de valeur qu'une autre. Pensez-y, Robert, aucun aspect de votre vie ne peut être négligé sans que l'ensemble en souffre. »

Robert réalise qu'effectivement, la semaine dernière a été éprouvante pour Michelle et lui ; ils ne se sont pratiquement pas parlé. Quant à lui, il a mal dormi, il s'est senti fatigué et la tension nerveuse a affecté la qualité de son travail.

« Développer la culture entrepreneuriale ou entreprendre sa vie, si vous préférez, ça n'est pas trop compliqué. D'abord, pour réussir sa vie, il faut avoir un plan…

« Il faut savoir au plus profond de soi ce que l'on veut faire dans la vie. Cela ne se résume pas à décider d'une profession, d'un métier ou d'un endroit où vivre. Établir un plan de vie, c'est voir sa vie tracée avant même qu'elle ne commence. Cela touche les grandes lignes de votre vie et non des actions ponctuelles ou des stratégies précises. Il s'agit en fait de mettre en lumière la raison d'être de votre vie. »

Robert se dit qu'il n'aurait pas été capable de répondre à ces questions sous-jacentes aux propos d'Eugène Tassé s'il les lui avait posées.

« Le plan de vie, c'est une orientation que l'on se donne. La vie peut prendre toutes les directions possibles. Nous pouvons faire tellement de choses ; le problème, c'est que le temps dont nous disposons pour faire ces choses est limité. Comme il est évident que nous ne pouvons tout faire, cela nous oblige à faire des choix. Vivre sans plan de vie, cela équivaut à ne rien choisir ou à essayer de tout faire. D'ailleurs, l'absence de plan explique en partie notre rythme de vie effréné, qui a pour résultat une vie fragmentée, sans direction précise, qui ne mène en définitive nulle part. C'est sans doute l'un des plus grands constats de notre société moderne : les gens essaient de tout faire et s'épuisent, allant à droite et à gauche, cherchant à atteindre tous les objectifs pour finalement en atteindre très peu ou, pire encore, pour échouer sur plusieurs aspects parce qu'ils sont trop occupés ou éparpillés. »

Robert se dit que ce constat ressemble beaucoup à sa propre vie.

« Comment fait-on pour établir un plan de vie ? » demande-t-il.

« Un plan de vie s'exprime de manière positive et tend vers un but global. Il exprime de manière concrète votre volonté d'agir sur votre vie. Vous devez laisser émerger vos talents et vos désirs afin de les utiliser pour accomplir votre destinée. Le plan de vie est comme un aimant qui attire toutes nos actions vers la réalisation de cet objectif ultime. Il est notre raison d'être.

« Sa puissance est telle qu'il oriente toutes nos actions dans la même direction. Cela est déterminant, car une vie fragmentée, dispersée, ne peut que nous mener vers l'échec. Combien de divorces et de vies brisées pouvons-nous compter autour de nous ? Des vies personnelles anéanties parce qu'un aspect de la vie a échoué et a entraîné vers l'échec tous les autres aspects. Les gens ont des problèmes de santé, des difficultés financières, des ennuis au travail… Tout s'enchaîne. »

Robert a l'impression qu'Eugène Tassé lit dans ses pensées. Il se sent comme un livre ouvert devant cet homme sagace.

« Je vois où vous voulez en venir », dit-il. « Je ne peux pas être heureux s'il y a des parties de ma vie qui sont toutes à l'envers. Elles contaminent en quelque sorte les autres parties de ma vie. C'est comme la maladie quand elle s'installe ; elle affecte aussi les émotions et l'esprit. »

« C'est exactement cela, Robert », poursuit Eugène Tassé avec empressement.

« À l'inverse, une personne qui est guidée par un plan de vie possède une vie puissante, une existence ordonnée, un esprit énergique et positif, et elle accomplit des choses qui ont des retombées déterminantes sur sa communauté. »

Robert se met doucement à rêver à ce que pourrait être son plan de vie. Quels sont ses désirs véritables et profonds ? Que veut-il vraiment dans la vie ? Comment pourrait-il vivre en n'ayant aucun regret ?

Eugène Tassé interrompt le fil de ses pensées en poursuivant :

« Je trouve important de souligner que les gens qui connaissent le succès ne sont pas différents des autres au départ. Ils ne sont ni plus intelligents, ni mieux éduqués, ni plus capables que l'ensemble de la population. À la différence des autres, toutefois, ils ont le désir profond d'entreprendre leur vie. Mère Teresa n'est pas née différente des autres ; elle s'est simplement laissée guider par sa grande compassion pour les malades et les démunis. Gandhi a été un avocat ordinaire et n'aurait pas été différent de ses compatriotes s'il n'avait eu cet engagement inconditionnel envers la non-violence. Cette arme de la non-violence l'a beaucoup mieux servi que l'usage de la force pour mener l'Inde vers l'indépendance. Martin Luther King Jr., un pasteur noir comme tant d'autres, s'est démarqué parce qu'il a cru dans l'égalité et les droits civiques élémentaires pour les Afro-

Américains. Son discours *I have a dream*, prononcé en août 1963 à Washington durant la marche pour le travail et la liberté, est devenu très célèbre.

« Lucille Teasdale, la première chirurgienne québécoise, s'est installée en Ouganda en 1961 avec son mari, le Dr Pietro Corti. Avec lui, elle a fondé le St. Mary's Lacor Hospital, où elle a pratiqué au fil des années plus de 13 000 chirurgies. Le couple a consacré sa vie à soigner des maladies aussi contagieuses que la malaria et le sida. Ils ont travaillé dans des conditions très difficiles : la guerre civile, les épidémies, les massacres... et avec des moyens très limités. Il y a aussi le médecin Albert Schweitzer, le physicien Albert Einstein, l'humaniste Jean Vanier, l'homme politique Nelson Mandela et combien d'autres… »

Robert se sent grandir de quelques centimètres en entendant tous ces noms célèbres. « C'est vrai qu'ils sont inspirants les Mandela, Gandhi… », souffle-t-il.

« Ces personnages ont transformé le cours de nombreuses vies humaines ; ces hommes et ces femmes ont été des modèles extrêmement inspirants pour des centaines, des milliers d'autres et pourtant, rien de cela ne se serait produit s'ils n'avaient écouté l'appel qu'ils entendaient au fond d'eux-mêmes. Le seul endroit où ils n'ont pas fait de compromis, c'est dans l'accomplissement de ce qu'ils avaient décidé de réaliser, leur plan de vie. Pas besoin de vouloir devenir un autre Martin Luther King ; il suffit de vivre sa vie pleinement. N'est-ce pas emballant, Robert ? »

Arborant un léger sourire, Robert pense à ce qu'il vient d'entendre.

« Mais comment faire pour déterminer la raison d'être de ma vie ? J'ai l'impression de ne pas savoir par quel bout commencer », dit-il tout haut, sentant soudain toute l'importance que cela peut avoir.

« C'est effectivement une démarche importante, car décider de ce que sera sa vie fait peur pour de multiples raisons. On se pose des questions : prendrai-je la bonne direction, est-ce vraiment cela que je désire ? La définition du plan de vie peut donc au départ être difficile, laborieuse, car pour faire des choix, il faut savoir ce qui nous est cher, connaître ce qui nous fait vibrer intérieurement. Il peut s'agir de choses concrètes et simples aussi bien que de changements très profonds, de décisions fondamentales.

« Pour certains, les réponses apparaissent clairement ; pour d'autres, un plus grand questionnement intérieur s'avère nécessaire. Mais qu'importe, il faut répondre à ces questions du plus profond de soi.

« Quelle est la passion, Robert, qui vous anime et vous pousse à déplacer des montagnes ? Vous devrez y réfléchir sérieusement. Certaines personnes se contentent de peu, mais ça n'est pas mon cas. Au fond de moi, j'ai toujours voulu le meilleur. Et je crois que secrètement, c'est ce que chaque être humain désire vraiment. Le problème est cependant de taille, car il faut avoir la volonté de réussir sa vie », conclut-il.

« Comme la majorité des gens, réplique Robert, j'ai une très grande volonté lorsqu'il s'agit de parler de ce que je pourrais faire, mais quand vient le temps de passer à l'action, c'est une autre histoire ! Il est mille fois plus facile d'être négligent et inactif que d'être déterminé et travaillant. »

« Malheureusement, Robert, cette facilité a un prix qui se nomme amertume. C'est une grosse boule qui vous pèse sur l'estomac, vous empêchant de devenir la personne que vous voulez être. Qu'est-ce qui amène la plus grande déception : avoir échoué ou n'avoir jamais essayé ? » demande Eugène Tassé avant d'enchaîner...

« La force du plan de vie est qu'il nous donne une boussole. Il nous indique clairement et régulièrement où nous en sommes dans la réalisation de nos objectifs. Sommes-nous sur la bonne voie ? Chaque chose que nous faisons nous rapproche-t-elle de notre but ultime ? Progressons-nous assez rapidement ?

« Ce qui est déterminant, c'est que le plan de vie agit comme un gouvernail qui nous dirige et comme un courant fort qui nous pousse constamment à manifester notre intention profonde. »

« Puis-je savoir quel était votre plan de vie ? » demande Robert en se disant qu'il est peut-être indiscret.

Eugène Tassé le regarde avec enthousiasme, visiblement heureux de révéler ce qui l'a toujours dirigé dans la vie.

« Mon projet de vie s'est imprimé rapidement dans mon esprit, dès l'âge de 18 ans. Je savais à l'intérieur de moi que je voulais être libre financièrement et travailler à mon compte, car c'est l'une des façons puissantes de créer de la richesse et de ne pas dépendre des autres. Je voulais me marier, car je ne me voyais vraiment pas rester célibataire » dit-il en riant. « Il était important pour moi que mon épouse soit une femme de foi, que nous puissions partager nos valeurs. Je voulais avoir une maison remplie d'enfants, car en tant que cadet d'une famille nombreuse, jouer avec d'autres enfants m'avait manqué. Et finalement, je voulais apporter ma contribution à la communauté.

« Cette pensée, déjà claire, a été le phare de ma vie et c'est à cela que sert le plan de vie, Robert. Le plan de vie, c'est la mission que l'on se donne pour ce temps que l'on va passer sur la terre. Le problème, pour la majorité des gens, c'est qu'ils n'ont pas de plan de vie et que les actions qu'ils posent ne sont rattachées à rien. Ce sont des événements, des moments vécus les uns à la suite des autres, mais qui n'ont pas de lien entre eux, de sorte que les gens se sentent éparpillés.

« Qu'en pensez-vous, Robert ? »

« C'est exactement à cela que ressemble ma vie : éparpillée, troublée. Je réalise, par exemple, que rien ne rattache ma vie familiale à mon travail, si ce n'est qu'il faut payer les comptes. Il n'y a pas de fil conducteur qui donne un sens à ma vie », répond Robert.

Eugène Tassé poursuit : « Le plan de vie est l'élément primordial de toute vie. Il dicte chacun des événements qui y sont reliés et leur donne un sens. Il est un moteur qui nous propulse vers la réussite. On y inscrit un scénario gagnant, car on en connaît le fil d'arrivée. Le plan de vie aborde le long, le moyen et le court terme ainsi que tous les aspects de la vie, tant physique qu'affective, spirituelle et professionnelle.

« Nous n'avons qu'une vie sur cette terre, alors pourquoi ne pas la vivre pleine et entière ? N'avez-vous pas au fond de vous ce désir brûlant de vivre avec passion et d'arriver à la fin de votre vie avec le sentiment d'avoir accompli ce que vous souhaitiez au plus profond de vous, Robert ? »

Robert soupire…

« Je peux vous enseigner toutes ces choses si vous le désirez », murmure Eugène Tassé. Puis, pour que les mots soient bien compris, il ajoute doucement : « Toutefois, il y a une condition pour devenir riche, que je ne peux vous transmettre. »

Robert le regarde perplexe et avec une certaine inquiétude. Il ne sait trop quoi penser. Voila qu'il a accès à cet homme d'affaires et à son secret, comme par enchantement, et que tout aussi vite il lui manquerait une clé maîtresse.

« La seule condition pour devenir riche est de mettre en pratique ce que je vous enseignerai. Si vous ne le faites pas, toutes nos rencontres seront inutiles. »

« Que devrai-je faire ? » demande-t-il avec hésitation.

« Chaque chose viendra en son temps, Robert. Vous savez, les gens connaissent beaucoup de choses, mais le problème vient du fait qu'ils ne les mettent pas en pratique. J'aurai beau vous révéler le secret de la richesse, si vous ne le mettez pas en pratique, vous ne changerez malheureusement rien à votre situation présente.

« Je ne connais pas vos convictions spirituelles, jeune homme. Je ne sais même pas si vous en avez. Toutefois, il y a un judicieux conseil qui est donné dans la Bible et qui vaut pour tous, croyants ou non. Jésus dit ceci dans l'Évangile de Matthieu :

C'est pourquoi, celui qui écoute ce que je dis et qui l'applique ressemble à un homme sensé qui a bâti sa maison sur le roc.

Il a plu à verse, les fleuves ont débordé, les vents ont soufflé avec violence, ils se sont déchaînés contre cette maison : elle ne s'est pas effondrée, car ses fondations reposaient sur le roc.

Mais celui qui écoute mes paroles sans faire ce que je dis ressemble à un homme assez fou pour construire sa maison sur le sable.

Il a plu à verse, les fleuves ont débordé, les vents ont soufflé avec violence, ils se sont déchaînés contre cette maison : elle s'est effondrée et sa ruine a été complète.

« La différence entre le premier et le deuxième est le FAIRE. Les gens connaissent beaucoup de choses, mais rien ne change car ils ne l'intègrent pas dans leur vie par la pratique.

« Cette condition est l'un des aspects les plus importants du secret que je vais vous révéler aujourd'hui, Robert : METTEZ EN PRATIQUE CE QUE VOUS APPRENEZ. Si vous ne le faites pas, vous ne construirez ni votre vie, ni votre richesse. Vous devez vous appliquer à agir et non seulement à savoir. Comment un caméraman apprend-il à filmer s'il ne pratique jamais les différents plans, s'il n'apprend pas à se déplacer sans que les images bougent dans tous les sens et étourdissent ceux qui les regardent ?

« Si vous ne pratiquez pas chacun des aspects du secret que je vous dévoilerai, vous perdrez votre temps. J'ai les connaissances et l'expérience, mais je ne peux le faire à votre place. Tout est entre vos mains. »

Cette phrase sonne aux oreilles de Robert comme un glas. Rapidement, il affirme :

« J'ai bien l'intention de choisir la richesse et de mettre en pratique tout ce que vous allez me dire. »

« Permettez-moi de vous mettre en garde contre ce que l'on appelle l'intention, dont nous reparlerons d'ailleurs un peu plus tard », objecte ce dernier avec douceur.

« Nous avons passé du bon temps aujourd'hui. Si vous voulez, je vous rencontrerai deux fois par semaine. Est-ce que cela vous convient ? »

Robert acquiesce et remercie l'homme d'une poignée de main chaleureuse.

« Nous nous verrons donc mercredi midi. Que pensez-vous du restaurant Le Marmiton ? »

« Entendu, dit Robert, j'y serai. »

✦✦✦✦✦✦✦

« Un point de vue, que la plupart des gens détestent
et se refusent à accepter, veut que tout ce que vous avez,
ce que vous n'avez pas et ce que vous aurez un jour
dans la vie résulte des choix que vous faites. »

— Brian Klemmer

✦✦✦✦✦✦

3

L'intention qui compte

« La vie qu'on n'examine pas
ne vaut pas la peine d'être vécue. »
— Socrate

La fin de la journée s'est passée si rapidement avec les courses à faire et la visite de ses parents… de même le mardi avec le travail et les cours de danse de Sarah, que Robert se lève le mercredi matin sans avoir eu vraiment le temps de s'arrêter pour penser à sa rencontre avec Eugène Tassé, si ce n'est de manière intermittente. Il entrevoit cependant avec joie et impatience le deuxième rendez-vous qu'ils se sont fixé à l'heure du lunch.

À l'heure dite, les deux hommes arrivent au restaurant presque en même temps. La serveuse, avec un sourire, leur assigne des places. Robert remarque que M. Tassé est un habitué de l'endroit et qu'on leur donne en fait la table qu'il occupe toujours lorsqu'il vient à ce restaurant.

« Je vous recommande l'escalope de veau, elle est succulente », souligne Eugène Tassé.

« Je vais suivre votre conseil », dit-il en indiquant à la serveuse l'escalope de veau à la milanaise qui apparaît au menu.

« Robert, vous m'avez dit que vous aviez l'intention de choisir la richesse. Permettez-moi de vous poser quelques questions. »

Robert acquiesce d'un signe de tête.

« Combien de gens rencontrez-vous tous les jours, à votre travail ou ailleurs, qui expriment leur intention d'accomplir telle ou telle chose ou encore de ne plus répéter telle ou telle erreur ? Leurs propos sont affirmatifs et ils le disent sur un ton décidé et convaincant. À les entendre, on dirait que rien ne les empêchera de faire ce qu'ils ont décidé, car ils paraissent vraiment sincères et engagés lorsqu'ils parlent de leur intention. De même, qui n'a pas entendu les résolutions du Nouvel An prises au cours des réunions de famille ? La plus caractéristique est celle de se remettre en forme après le temps des Fêtes », raconte Eugène Tassé.

À ces mots, Robert observe à nouveau la vigueur de l'homme d'affaires de 83 ans.

« Oui, poursuit Robert, je sais ce que vous voulez dire. Les habitués des gymnases voient arriver en janvier tous ces nouveaux membres remplis d'énergie qui ont l'intention de relâcher tout le poids accumulé au cours d'années d'inactivité et de sédentarité. Ils veulent pour l'été suivant des biceps bien formés et un abdomen de vedette de cinéma. Ils montent sur le vélo stationnaire ou le tapis roulant avec des vêtements de sport tout neufs, une manière de s'encourager, je pense. On les voit pendant le premier mois s'entraîner de façon assidue, de 3 à 5 fois par semaine, puis ils s'absentent une journée, puis une autre. Évidemment, ils ont toujours des raisons pour expliquer leur absence. La semaine suivante, ce sont deux entraînements qui sont ratés... et en peu de temps, on ne les voit plus du tout. Leurs intentions n'ont pas réussi à vaincre la barrière du temps nécessaire pour créer de nouvelles habitudes. Comme le dit si bien une expression courante, ils étaient pleins de bonnes intentions, mais cela n'a pas duré. C'est ça, n'est-ce pas ? » conclut Robert.

« Oui, en partie. Les intentions de ces personnes étaient pourtant bien claires. Alors pourquoi les résultats ne se sont-ils pas produits comme ils auraient dû ? »

« Je ne sais pas. Ils se sont fatigués d'y aller... Ils avaient beaucoup de choses à faire et n'avaient plus assez de temps », rétorque Robert.

« Continuez... »

« Ils n'y tenaient pas vraiment, je suppose... »

« C'est cela, vous avez raison. Il en va de même avec l'argent. Combien de gens se disent que c'en est assez, qu'ils veulent suffisamment d'argent pour vivre, qu'ils n'en peuvent plus de vivre le stress occasionné par les dettes et le manque continuel d'argent. Et pourtant, peu de temps après avoir pris ces résolutions, ils tombent dans les mêmes pièges et leur vie ne change pas. »

Robert pousse un soupir intérieur en entendant cette réalité qui est en fait la sienne. Il se met alors à écouter plus sérieusement cet homme assis en face de lui. La sagesse qui émane de lui l'attire.

« Quoi de plus navrant que de regarder derrière soi et de constater que notre vie n'a pas pris le chemin que nous avions envisagé. Il est si facile de blâmer les autres ou les circonstances de la vie », observe l'homme d'affaires.

« Qu'est-ce qui peut expliquer ces piètres résultats malgré des intentions qui, au départ, semblaient pourtant réelles et sérieuses ? » demande Robert.

« La première raison est sans doute la plus facile à cerner. On pourrait l'appeler la "légèreté du langage". Les gens utilisent l'expression "j'ai l'intention" à toutes les sauces sans avoir vraiment l'intention ferme et réelle de faire ce qu'ils déclarent. L'expression est devenue une tournure de phrase qui ne porte pas en elle de valeur ni de détermination ; il n'y a pas de réelle décision de faire tout ce qui doit être fait pour que l'intention exprimée se matérialise.

« Tout le monde le répète à qui mieux mieux et, ce qui est plus triste encore, ces intentions n'amènent aucun changement dans notre vie, notre famille, notre travail, notre communauté », souligne Eugène Tassé avec une certaine tristesse.

« Les gens critiquent sans arrêt tout ce qui se passe autour d'eux, les actions des autres, et ils n'arrêtent pas de prêcher sur tout ce qui devrait être fait ; quand ce n'est pas leur patron, c'est le gouvernement...

« Je vais vous raconter une anecdote drôle et touchante à la fois. Un jour, des amis ont réalisé à quel point ils critiquaient les autres dans leur conversation, parfois même sans s'en rendre compte. Lors d'une de leurs rencontres, ils ont donc convenu de passer la semaine suivante sans critiquer, juger ou se plaindre des autres. Ils ont pris la résolution d'éliminer de leur vie les plaintes, la condamnation et la critique. À leur grande stupéfaction, ils ont vite constaté qu'il leur restait bien peu de choses à dire et qu'ils devaient réapprendre à parler et s'habituer à dire des choses plus positives et constructives. »

Robert se met à rire, voyant très bien ce que veut dire son interlocuteur. Il songe en quelques instants aux conversations au bureau où un bon nombre de collègues se plaignent de tout et de rien. Les gens parlent comme s'ils voulaient refaire le monde, mais ils ne font rien de concret pour changer quoi que ce soit.

« Il y a une phrase de Gandhi que j'aime beaucoup : "Vous devez changer en vous les choses que vous voulez voir changer chez les autres." Qu'en pensez-vous Robert ? »

« C'est dans ma vie que les choses doivent changer d'abord, n'est-ce pas ? » soupire Robert.

« Oui. Le monde est pavé de bonnes intentions et notre société ne serait pas la même si chacun se mettait à agir en conformité avec ses intentions ou désirs. Les gens dénoncent la pauvreté, la famine, la malnutrition, la pollution, les pesticides, les insecticides et bien d'autres choses, mais ils n'agissent pas pour que les choses changent. Si tel était le cas, notre monde pourrait être équitable, la pauvreté serait éradiquée de notre planète et il y aurait de la nourriture en quantité suffisante pour tous. Saviez-vous que l'argent dépensé dans le seul domaine des cosmétiques suffirait à nourrir la planète entière ? Et ne parlons même pas de l'argent investi dans l'armement militaire, qui tue des millions de personnes chaque année... », dit-il en secouant la tête.

« Trop souvent, nos intentions ne restent que des mots. Or, c'est toujours dans l'action que se vérifie l'intention et ce sont les résultats qui nous permettent d'évaluer le degré de notre intention réelle. Nous nous leurrons trop souvent, Robert. Ayons le courage de regarder avec honnêteté les résultats et nous verrons si nous avions de réelles intentions ! »

Robert regarde le morceau de veau au bout de sa fourchette, les yeux dans le vague, et réfléchit tout haut. « Vous touchez juste. Ce petit exercice que vous m'amenez à faire est assez douloureux, car je me rends compte que dans ma vie, les résultats ne sont pas là. Je vois que dans le passé, je ne me suis pas réellement engagé à réaliser ce que je disais avoir l'intention de faire. C'est si facile de dire et de tomber dans le laisser-faire. »

Il repense à toutes ses intentions par rapport à ses finances et à toutes les promesses qu'il a pu faire à Michelle et poursuit : « Mes paroles n'ont souvent été que du vent, semant la déception et la désolation… »

« Cette déception est d'autant plus forte que nous nous décevons nous-mêmes, Robert. L'impact se fait surtout sentir dans notre vie personnelle. Nous éprouvons un sentiment d'échec, nous avons l'impression de ne pas être à la hauteur. La déception détruit petit à petit notre vision et notre image de nous-mêmes. Il est beaucoup plus difficile par la suite de remonter cette pente de ce que j'appelle l'"autodéception".

« Imaginez un match de hockey au cours duquel les joueurs devraient assumer le résultat du match précédent. Disons qu'ils n'avaient compté aucun but au dernier match alors que leurs adversaires avaient fait trois points. Cela veut dire qu'ils commenceraient la soirée avec un score de zéro par rapport à trois pour l'équipe adverse. Ils se sentiraient vaincus avant même que la partie commence. C'est exactement ce qui se passe avec le souvenir de nos échecs. »

Robert songe au sentiment d'échec qu'il a ressenti au cours des dernières semaines. Comment a-t-il pu se retrouver dans la même situation qu'auparavant ? Il voudrait tellement tout effacer.

« Chez la majorité des gens, dès que certaines difficultés surgissent, l'intention décroît tout aussi sûrement qu'elle a grandi. C'est comme si on avait des vases communicants : dès que l'un se remplit, l'autre se vide », conclut Eugène Tassé.

Robert n'avait jamais vu sa vie de cette façon, mais cela lui ressemble bien. « Mais qu'est-ce qui m'arrête ? » se demande-t-il tout haut.

« Les gens sont certains de leur intention jusqu'au moment où les choses ne se déroulent plus comme ils le souhaitent ou comme ils l'avaient prévu. Bien des personnes font ce qu'elles ont dit qu'elles feraient uniquement si les circonstances sont favorables et si l'effort exigé n'est pas trop grand.

« Dès que les vrais défis surviennent, elles trouvent toutes sortes d'excuses pour justifier l'abandon de leur objectif. La plupart du temps, elles arrêtent tout simplement d'en parler et espèrent que personne ne leur rappellera leur intention ou ne leur demandera où elles en sont dans leur projet. »

Robert constate à quel point l'homme d'affaires est perspicace et il commence vraiment à jouir de cette conversation. Il se rend compte qu'il n'a pas besoin de se cacher et que les paroles d'Eugène Tassé le décrivent on ne peut mieux.

Il poursuit : « La société dans son ensemble s'est endormie dans un certain confort. Or, le succès est lié à la détermination de faire en sorte que l'objectif visé se réalise. Très souvent, cela exige de sortir de sa zone de confort, ce qui est sans doute l'une des choses les plus difficiles à faire. Il faut chercher des solutions, travailler à les mettre en place, les réévaluer et persévérer peu importent les efforts et le temps qu'on doit y consacrer. Êtes-vous prêt à sortir de votre zone de confort, Robert ? »

Robert, qui ne s'attendait pas à cette question directe, balbutie un « Oui… oui, je pense… ».

Les deux hommes se regardent quelques instants sans dire un mot, puis Robert se met à réfléchir à haute voix : « Somme toute, si je comprends bien, l'intention ne doit jamais dépendre des circonstances. Les événements vont nous amener à prendre des chemins différents, à trouver d'autres solutions, mais jamais ils ne doivent nous arrêter dans notre course. La personne qui possède une intention solide ne pose jamais de conditions à son engagement. Pas d'excuse, c'est ça ? »

« Voilà une bonne réponse, Robert. Pas d'excuse ! ». En se regardant, les deux hommes s'esclaffent.

« Personnellement, où situez-vous la fermeté de vos intentions sur une échelle de 1 à 10, dix étant le plus élevé ? Si vous regardez ce que vous avez fait dans le passé et analysez le nombre d'intentions bien fermes que vous avez exprimées, combien en avez-vous maintenues jusqu'à la fin ? Quelles intentions avez-vous gardées et lesquelles avez-vous laissées tomber ? Analysez ces réponses et vous remarquerez peut-être que vous êtes plus tenace dans certains domaines que dans d'autres. Examinez aussi bien les raisons et motivations qui vous ont permis d'aller au bout de certaines intentions que celles qui vous ont empêché de franchir le cap du succès. Où se trouve la différence entre les unes et les autres ? Qu'est-ce qui vous empêche de connaître le succès que vous recherchez ? »

Robert trouve pénibles les questions d'Eugène Tassé. C'est la première fois qu'il se les pose et cela le met mal à l'aise. Il est incapable de répondre où se situe son niveau d'intention, est-ce 5, 6 ou 7 ? En même temps, il sent qu'il a besoin de voir clair en lui-même.

« Une autre réponse à votre question sur l'échec est plus subtile. Il y a souvent une confusion dans notre esprit entre l'intention que l'on a et le moyen que l'on prend pour atteindre notre objectif. On peut facilement substituer l'un à l'autre. »

Robert écoute avec grande attention. Il s'appuie fermement contre le dossier de la chaise. Il a l'intuition qu'il va obtenir une réponse qui lui servira longtemps.

« Le moyen est souvent mis de l'avant comme la preuve de notre intention. Si, par exemple, nous avons l'intention de perdre du poids et que nous nous inscrivons à un programme d'amaigrissement, nous montrons à notre entourage quelle est notre intention. Nous croyons souvent que les moyens, les façons de faire vont nous permettre d'atteindre nos objectifs. Restons avec ce désir de retrouver un poids santé, si vous voulez bien. »

Robert acquiesce d'un signe de tête.

« La personne s'engage dans un quelconque programme de perte de poids au goût du jour. Au début, elle perd du poids grâce à sa nouvelle diète et s'en réjouit. Puis, après un certain temps, satisfaite des résultats, elle reprend ses anciennes habitudes alimentaires et regagne très rapidement le poids perdu et même davantage, ce qui d'ailleurs est généralement le cas : plus de kilos qu'au début de la diète. Quelle est la réaction de la moyenne des gens devant une telle situation ? »

Sans attendre vraiment de réponse, l'homme d'affaires poursuit :

« C'est de se mettre encore une fois à la recherche d'une nouvelle diète pour perdre à nouveau du poids. Or, ces diètes en "yo-yo" au cours desquelles les gens perdent des kilos qu'ils reprennent ensuite ont des conséquences néfastes sur la santé. J'ai lu récemment que plus nombreuses ont été les baisses de poids, plus le système immunitaire est affaibli. Les cellules actives du système immunitaire servent non seulement à tuer les virus, mais aussi à protéger le corps des cellules cancéreuses. Avoir un système immunitaire affaibli augmente donc directement les risques de cancer.

« Les diètes à répétition pratiquées par les gens sont censées montrer leur ferme intention de perdre du poids, n'est-ce pas ? Mais ce qui se produit, c'est que les personnes à la diète se fient sur le moyen pour atteindre leur objectif.

« Or, les moyens en eux-mêmes ne réussissent pas à nous faire connaître toujours le succès. Non pas qu'elles sont nécessairement mauvaises, mais on a tout simplement inversé le véritable ordre des choses. Laissez-moi vous expliquer.

« Si, par contre, l'intention est tellement forte qu'elle prime sur tout, la personne qui cherche à perdre du poids utilisera tous les moyens à sa portée pour y arriver, que ce soit une alimentation santé, l'exercice ou quoi que ce soit d'autre. Et même si elle est tentée par une friandise ou un dessert, son intention est tellement forte qu'elle refusera de céder à cette tentation. Le moyen, dans ce cas, est beaucoup moins important, pour ne pas dire qu'il devient secondaire. »

Robert commence à saisir où veut en venir son interlocuteur, qui poursuit :

« Je me suis fixé un poids santé de 77 à 80 kilos. Tous les matins, je me pèse, et si mon poids varie d'un seul kilo par rapport à ces deux limites, je m'assure de rétablir les choses immédiatement afin de rester au poids santé que je me suis fixé. Il est très important de ne pas se permettre de gagner quelques kilos car inévitablement, on en accepte ensuite d'autres, puis quelques autres... Parfois, on se demande comment des gens peuvent atteindre des poids imposants de 150 à 200 kilos. En fait, c'est très simple : un kilo à la fois. Comme l'augmentation se fait un peu tous les jours, l'obésité s'installe sans qu'ils le réalisent vraiment et lorsqu'ils s'en rendent compte, il leur est devenu très difficile de renverser la tendance. »

Robert le regarde, ébahi, en pensant aux quelques kilos qu'il a pris depuis quelques années.

« Je vous donne un autre exemple. Bien des couples planifient des activités dans le but de construire une relation ; cependant, ils se retrouvent 10, 15 ou 20 ans plus tard avec des relations brisées. Cela me désole de voir autant de divorces » dit-il, songeur.

« S'ils avaient plutôt eu l'intention de vivre une merveilleuse expérience de couple ou encore de vivre une relation intime passionnée et intense, ils auraient alors pensé à toutes sortes d'activités qui les auraient assurément menés vers la relation souhaitée. C'est cette manière de considérer l'intention comme étant supérieure à tout qui va déterminer les activités, et non l'inverse. C'est l'intention qui mène au succès véritable, et non les moyens ou recettes de toutes sortes.

« Voyez-vous la différence, Robert ? »

Robert commence à comprendre le pouvoir de l'intention.

« Ce que vous me dites, c'est que les moyens ne peuvent pas remplacer l'énergie que donne l'intention. Si mon intention est bien réelle, je vais accomplir mon but peu importe les moyens, c'est ça ? En d'autres termes, l'adrénaline de l'intention va jouer en ma faveur », avance Robert.

« C'est très bien dit, réplique Eugène Tassé en écoutant avec un plaisir évident la réponse de son protégé. J'aime bien ce lien entre adrénaline et intention !

« Nous avons tous, à un moment de notre vie, expérimenté la puissance de l'intention. Prenons, par exemple, un enfant qui désire un chien ou un chat. Même si au début ses parents refusent, il revient à la charge sans arrêt, promet de s'en occuper, de lui donner à manger, de le brosser, de le sortir, etc. Son intention est si forte que ses parents finiront sans doute par céder devant son insistance et lui acheter l'animal. Lorsque l'intention est claire, c'est-à-dire lorsque l'objet du désir est clairement exprimé et que la détermination de la personne est forte, il n'y a aucun doute quant à l'issue : elle obtiendra nécessairement ce qu'elle veut. Son attention est fixée à tel point sur la chose convoitée que cela devient pratiquement une obsession.

« Et vous, Robert, désirez-vous entreprendre et réussir chaque aspect de votre vie comme l'enfant qui veut son animal de compagnie ? »

Robert commence à rêver…Comme si une force, une volonté de vivre enfouie au fond de lui resurgissait à la surface.

« Le domaine des finances n'est guère différent. Les moyens sont nombreux pour parvenir à la richesse. L'auteur, conférencier et homme d'affaires Robert Kyosaki raconte comment il a fait fortune à l'âge de 26 ans après avoir suivi un cours sur les saisies immobilières de biens fonciers, ce qui lui a permis de faire des millions de dollars de profit. Or, combien de personnes ont suivi ce même cours et n'ont pas connu l'abondance financière.

La différence? Elle est dans l'esprit d'entreprise, dans le désir d'entreprendre quelque chose avec l'objectif de gagner. »

« La culture entrepreneuriale, ça donne du caractère, si je comprends bien! » dit Robert en souriant.

« En effet, lui répond Eugène Tassé. Je vous pose maintenant une autre question : comment se peut-il que des gens qui ont une intention très claire n'atteignent tout de même pas leur objectif? »

Robert ne sait que répondre. « Euh, ils arrêtent avant d'atteindre leur but... Ils... euh... Je ne sais pas... »

« Les intentions peuvent se faire concurrence entre elles. La concurrence, ça n'existe pas seulement entre collègues de travail, c'est aussi dans notre tête.

« J'expliquerais cela, Robert, par le fait que nous avons au fond de nous plusieurs rêves, le goût d'obtenir ceci ou cela ou encore le désir de faire telle ou telle chose. Imaginons un couple qui a l'intention d'amasser suffisamment d'argent pour faire des voyages et prendre le temps de vivre à la retraite, mais qui en même temps voudrait bien profiter de la vie et ne manquer de rien maintenant. L'intention qui est la plus forte l'emportera inévitablement sur celle qui l'est moins. C'est ainsi que beaucoup d'intentions finissent par être mises de côté, supplantées par des désirs contradictoires. Saisissez-vous ce que je suis en train d'expliquer? »

Robert reste songeur.

« Les intentions dites conflictuelles sont à la source de beaucoup d'échecs, surtout lorsqu'elles se manifestent au sein d'un couple.

« C'est en présence de telles intentions contradictoires qu'il importe d'évaluer les conséquences de chacune. Laquelle, à long terme, apportera le plus d'avantages? Laquelle est la plus souhaitable? Laquelle nous rapproche vraiment de notre objectif ultime?

« Lorsque deux intentions, disons A et B, sont en concurrence, il faut prendre le temps de les analyser et ne pas céder à la première impulsion. Si l'intention B est la plus avantageuse à long terme mais est également la plus faible, il faut la renforcer tout en diminuant la force de l'intention A qui semble dominer. En d'autres mots, il faut élever dans son intention celle qui est la plus profitable et diminuer le désir de celle qui lui fait concurrence. Il est très important de renverser les tendances pour que les intentions reflètent réellement les désirs de la personne. Il faut se souvenir que l'intention la plus forte l'emportera toujours sur l'autre. »

« Pouvez-vous me donner un autre exemple ? » demande Robert, de plus en plus intéressé.

« Revenons au choix entre l'épargne et l'achat d'un bien quelconque. Si l'idée d'acheter un bien est plus forte que l'intention d'épargner, il importe de se rappeler à quoi servira l'épargne, les projets qui s'y rattachent. Il faut visualiser, ressentir les émotions positives que l'on éprouvera une fois le but atteint. Si le but de l'épargne est de voyager en Europe à la retraite, il faut regarder des photos de la France, de l'Espagne, de l'Italie. Il faut tracer l'itinéraire et nourrir ce désir constamment. Si vous faites cela, je peux vous assurer que vous n'aurez pas envie de dépenser l'argent destiné au voyage.

« Par ailleurs, il vous faudra diminuer l'émotion rattachée au bien de consommation afin d'atténuer le désir de l'acheter.

« Il est important ainsi de se répéter constamment ce que l'on veut obtenir dans la vie. Cela entretient et fortifie les intentions. Ainsi, quand viendra par exemple une tentation de dépenser qui soit contraire à notre intention première de nous enrichir, il nous sera plus facile d'y résister si nous avons constamment valorisé et entretenu notre désir de nous enrichir.

« Pour s'assurer qu'une intention reste vive dans notre mémoire, il faut de la discipline ; il faut surtout renoncer à des plaisirs immédiats comme celui de posséder certains biens de consommation que les voisins, eux, possèdent et mettent bien en évidence. »

Robert se rend compte qu'il n'a pas vraiment envie d'entendre parler de l'aspect privation. Il a l'habitude d'acheter ce qui lui tente quand ça lui tente.

Comme si Eugène Tassé lisait dans ses pensées, il ajoute :

« Ce programme ne vous séduit pas beaucoup, n'est-ce pas ? »

« Faut-il absolument passer par là ? » demande Robert.

« C'est votre choix. Si vous continuez à faire ce que vous avez toujours fait, vous aurez toujours le même résultat. Et plus vous connaîtrez d'échecs, plus vous croirez que vous êtes incapable d'obtenir ce que vous voulez et, un jour, vous laisserez tout tomber. »

Robert reste songeur en écoutant les paroles d'Eugène Tassé, qui sont comme une prédiction qu'il n'a pas envie de voir se réaliser.

« Je peux vous assurer que toute intention que vous aurez vous conduira inévitablement à subir l'épreuve du test. Une intention contradictoire viendra un jour en compétition avec votre intention première. Et c'est dans ce test que se jouera l'enjeu de votre vie. C'est pourquoi je vous ai parlé samedi dernier de l'importance de la pratique. »

Devant l'air consterné de Robert, il ajoute :

« Il n'y a pas que la privation, Robert, il y a aussi la récompense ! » lance-t-il avec un rire quasi enfantin. « Le fait de renoncer à cette autre intention qui entre en conflit avec votre objectif principal vous coûtera parfois, mais si vous restez fidèle à votre objectif, vous obtiendrez bien plus que ce que vous auriez pu imaginer. La discipline vous apportera aussi la richesse. »

Robert sent un regain d'énergie en entendant ces paroles plus encourageantes et aussi, sans doute, le rire spontané de cet homme aux yeux pétillants.

« C'est ce que j'appelle le coût-avantage. Il y a nécessairement un prix à payer et un avantage à toute chose. C'est une loi invariable. »

Robert essaie de s'entrer ça dans la tête, mais il n'aime pas l'idée d'un coût obligatoire. Avec l'idée d'une récompense, par contre, il n'a vraiment pas de problème !

« Les personnes qui expriment *aux quatre vents* leurs intentions n'ont souvent pas pris conscience que chacune comporte un prix à payer et des bienfaits à récolter. En fait, les gens pensent bien plus aux avantages qu'au coût, ce qui leur laisse une impression de facilité. Ils voient des personnes riches qui semblent vivre de manière détendue et ne réalisent pas qu'elles ont travaillé de longues heures par semaine et qu'elles ont fait des sacrifices importants pour arriver où elles sont. Ils ne voient que le fil d'arrivée. Cette impression de simplicité les conduit bien souvent vers l'échec, car ils ne sont prêts ni à l'effort, ni aux déceptions. Et s'ils connaissent un échec, ils l'attribuent aux circonstances défavorables. Quant aux gens riches, ils les envient parce que le sort leur était soi-disant favorable ou parce qu'ils ont profité de bonnes occasions. Or, il n'en est rien ; les gens fortunés ont connu l'adversité et ont dû affronter des coups durs comme les autres. »

Robert se rappelle soudain cette entrevue avec un athlète qu'il a lue pendant qu'il attendait chez son mécanicien, et il réplique :

« C'est comme pour les athlètes. Ils s'astreignent à de durs entraînements ; il y a les blessures, les sorties manquées avec les amis, la discipline reliée à l'entraînement, les coûts financiers de l'équipement ou des installations sportives… C'est le coût à payer, n'est-ce pas ? »

« Oui Robert, c'est exactement cela. Et il y a ensuite la récompense : monter sur le podium, être adulé par le public, se voir offrir des contrats…

« J'ai fait ça, Robert… de longues heures de travail, les cours de coupe de viande jusqu'à minuit tous les soirs pendant plusieurs mois pour ajouter la boucherie à mon épicerie, et bien d'autres choses encore. C'est très souvent ce prix à payer que les gens ne veulent pas accepter. Ils veulent retirer uniquement les bienfaits et ils ne sont pas prêts à mettre l'énergie nécessaire, à accepter les jours et les soirs de fatigue, à faire aujourd'hui et non demain le travail qui doit être fait. C'est comme si quelqu'un voulait effectuer uniquement des retraits de son compte de banque sans jamais y faire des dépôts. Nous sommes tous soumis à la même loi fondamentale : pour retirer il faut d'abord avoir mis quelque chose. Ce quelque chose, c'est l'action qui doit suivre l'intention. »

« Mais ce n'est pas lourd à porter, tout ça ? » demande Robert.

« Tout dépend de la façon dont vous regardez votre vie. Cela est bien plus facile quand vous gardez les yeux rivés sur la récompense. En fait, ce sont les dix premières années qui sont cruciales pour la réussite.

« Les étudiants sacrifient aisément douze à quinze années de leur vie pour obtenir un diplôme et arriver sur le marché du travail. Là, ils se laissent dire par leurs enseignants que bientôt ils vont gagner de bons revenus et qu'ils pourront se payer tout ce qu'ils veulent. "Attends à la fin de tes études", entend-on souvent. Or, si les diplômés consacraient une autre période de dix ans à l'établissement solide de leur assise financière, ils seraient dans une situation idéale pour le reste de leur vie. Ces dix premières années de vie adulte sont déterminantes pour créer un avenir prospère. Voilà le prix que peu de gens sont prêts à payer. Pourtant, s'ils ne le font pas, ils éprouveront des problèmes financiers pendant la plus grande partie de leur vie. Ils vivront dans l'endettement comme la plupart des gens.

Vivre ses premières années en suivant les principes de base de la richesse permet de connaître une vie agréable et abondante », conclut-il avec enthousiasme.

« Que préférez-vous : passer dix ans à construire pour ensuite vivre les 50 années qui suivent dans l'abondance, ou vous amuser pendant dix ans et passer dans l'incertitude les 50 années qui suivent ? Ceci dit, ne vous désolez pas, car il n'est jamais trop tard pour changer de direction. »

Présenté de cette façon, Robert comprend bien le choix qui est le plus approprié.

« Ce sera tout pour aujourd'hui, Robert. Toutefois, avant que vous partiez, je vous donne un petit travail afin de mettre en pratique ce dont nous avons discuté. Vous vous rappelez sans doute qu'il y a une CONDITION liée au succès véritable. »

Robert acquiesce d'un signe de tête.

« J'aimerais que vous écriviez votre plan de vie. Quelle est votre raison d'être sur terre ? Allez-y simplement, et précisez aussi à quel niveau se situe votre intention de réaliser ce plan. »

Robert se demande bien ce qu'il pourra écrire. Il n'a jamais même pensé à toutes ces questions.

« À vendredi », lui lance Eugène Tassé avec un regard bienveillant en prenant les notes sur la table.

« Oui, à vendredi. Merci pour le repas, M. Tassé. »

Robert quitte les lieux et se glisse rapidement sur le siège de sa voiture. Il démarre. Cela lui fait du bien d'être seul. Il s'est senti un peu comme sous un rayon X en présence de l'homme d'affaires, qui sait si bien observer et analyser les gens.

Ses pensées tournent sans arrêt et il se parle à lui-même. Quelle pourrait bien être sa raison de vivre ? Penser à un plan de vie… Il se rend compte qu'il y a un grand vide dans son esprit. Pourquoi certaines personnes disent-elles qu'elles ont l'intention de réussir et y parviennent véritablement alors que d'autres qui disent la même chose échouent. Comment expliquer la différence entre le succès et l'échec ? Eugène Tassé, après plus de 60 ans en affaires, est un exemple de succès ; mieux, il a compris ce qui fait la différence entre le succès et l'échec.

Il sait que l'homme a été confronté à de grandes difficultés, qu'il a surmonté des défis que plusieurs croyaient impossibles à relever. Il n'a jamais détourné les yeux de son objectif. Avant, Robert aurait pensé que cet objectif était le succès ; il se rend compte maintenant que ce qu'Eugène Tassé a toujours voulu dépassait la notion de succès financier ; il désirait s'accomplir, aller au bout de lui-même. Ce désir intense d'une vie accomplie, il le traduit par l'expression « culture entrepreneuriale ». En fait, se souvient-il, il préfère l'expression « entreprendre sa vie ».

Affamé de découvrir ce qui fait le succès des gens riches, la réalisation de leurs désirs et de leurs intentions, Robert décide de se mettre à l'école d'Eugène Tassé, de réfléchir à ce qui fait sa force, sa réussite et sa prospérité.

Il comprend maintenant qu'il ne s'agit pas d'une recette mais, bien au-delà, d'une façon d'être, d'une manière bien spéciale d'aborder les choses. Il pense aux recettes qu'il a essayées au fil des ans, des livres qu'il a lus sur la réussite. Or, rien n'a changé dans sa vie. « Pourquoi, malgré mes intentions, ne suis-je pas allé plus loin que l'état désastreux de mes dettes ? Et c'est la même chose autour de moi, mes amis, mes collègues… », pense-t-il.

Cette rencontre le laisse à la fois songeur et fébrile.

✦✦✦✦✦✦✦

« Un homme d'intention dit
ce qu'il veut faire et fait ce qu'il dit.
Il en fait la promesse et la tient jusqu'au bout.
La moyenne des gens font ce qu'ils disent
aussi longtemps que cela leur convient. »

— Brian Klemmer

✦✦✦✦✦✦✦

« Les gens qui ne connaissent pas la réussite
concentrent leur pensée sur leur survie.
Les gens moyens concentrent leur pensée
sur le maintien de leur vie.
Les gens qui connaissent la réussite
concentrent leur pensée sur leur progression. »

— John Maxwell

✦✦✦✦✦✦✦

« L'échec existe parce que les gens ne réalisent pas
à quel point ils étaient près du succès
lorsqu'ils ont abandonné. »

— Thomas A. Edison

✦✦✦✦✦✦✦

4

Le plan de vie

« Quand vous choisissez d'inscrire sur papier des
objectifs qui vous inspirent, vous choisissez
un avenir qui vous inspire. »

— Tommy Newberry

De retour chez lui, Robert reprend le train-train quotidien. Mais il pense continuellement à ce que peut être son plan de vie. Que va-t-il écrire ? Cela lui semble si gros comme concept et surtout comme question.

Une fois le souper terminé et Sarah couchée, il tente de parler avec Michelle de sa rencontre avec Eugène Tassé. Celle-ci l'écoute d'une oreille distraite, de sorte qu'il laisse tomber après quelques instants. Les relations entre Michelle et lui sont plus tendues depuis les événements de la semaine précédente. Les discussions entourant leur situation financière et leurs dépenses ont toujours été animées.

Après avoir regardé la télévision quelques instants, il s'installe à la table, muni d'un bloc-notes pour commencer à rédiger ce qui pourrait répondre à la « condition » d'Eugène Tassé. Pour sa part, Michelle prend un livre et monte se coucher. Elle a toujours aimé lire avant de s'endormir.

Robert la regarde monter vers le deuxième étage, là où sont les chambres, d'un regard pensif. Son esprit vogue ici et là et il repense à sa journée.

Que désire-t-il au plus profond de son être?

Il s'adosse confortablement et laisse son esprit vagabonder. Son regard se pose sur une petite sculpture inuit représentant un ours qui danse avec des ailes d'aigle sur le dos. Dans la culture inuit, cela représente la transformation. Les Inuits croient fermement que les êtres sont en constante métamorphose. Pour eux, les gens changent continuellement. Robert se sent aujourd'hui comme cet ours qui est en train de devenir un aigle.

Il laisse son imagination voguer et se demande ce qu'il aime vraiment.

La première réponse qui lui vient à l'esprit, c'est Michelle et Sarah. Il les aime profondément. Il se rappelle sa rencontre avec Michelle. Il a aimé dès la première fois son intelligence vive et il se souvient avec bonheur des discussions qu'ils ont eues à partir de ce moment sur la vie et le monde en général. Ils voulaient révolutionner le monde, comme on le pense possible à cet âge. Ils avaient décidé de vivre ensemble, mais sans se marier, se disant que c'est l'amour qui compte et non les cérémonies archaïques. Au début, ils ne voulaient pas d'enfants; ils voulaient prendre le temps de vivre et de voyager comme bon leur semblerait. Cinq ans plus tard, Sarah était arrivée comme une petite boule d'énergie et de fraîcheur.

Les enfants, particulièrement Sarah, avaient cette capacité de le ramener à l'imaginaire, à l'insouciance. Robert aimait leur façon unique de reconstruire l'univers et de ne jamais imposer de limites à ce qu'ils pensaient pouvoir faire. Tout est possible à cet âge, pense-t-il.

Il se dit soudain qu'il aimerait que Michelle et lui se marient en bonne et due forme, comme une famille, pour la vie. Ce qu'il veut surtout, c'est avoir une relation exceptionnelle avec elle et non uniquement un quotidien satisfaisant.

Il pense tout à coup à cette conférence de Tommy Barnett qui expliquait que la générosité n'est pas seulement une question d'argent, mais qu'elle englobe toutes les activités de l'être humain. Notre façon de penser doit être généreuse. Tommy Barnett raconte l'histoire d'un garçon qui voulait demander en mariage de manière spectaculaire l'élue de son cœur. Il savait que l'un des grands désirs de la jeune fille était de voir New York du haut de l'Empire State Building. Comme elle était responsable d'une banque alimentaire, il imagina tout un stratagème pour qu'elle assiste à une conférence sur le sujet à New York. Les gens venus la chercher à l'aéroport lui dirent qu'ils avaient le temps de visiter un peu la ville, notamment d'aller à l'Empire State Building si elle le désirait. Elle en fut ravie.

Pendant ce temps, le garçon était arrivé à New York et s'était caché derrière un pilier au belvédère de l'Empire State Building. Alors qu'elle contemplait la ville, il lui tapa doucement sur l'épaule et quand elle se retourna, très surprise, il la demanda en mariage. Tommy Barnett disait que c'était là un bel exemple de générosité par la créativité mise de l'avant pour surprendre agréablement l'autre.

Robert se demande ce qu'il pourrait faire pour surprendre Michelle et lui montrer toute l'importance qu'elle a dans sa vie. Il décide d'écrire un message d'amour et de le glisser dans son sac à main. Et de plus en plus, il pense à cette idée de mariage. Pourquoi ne pas s'engager réellement avec Michelle ?

En pensant à Sarah, il se dit qu'il veut établir avec elle une vraie complicité. Il veut lui offrir des moments de bonheur, d'intimité et de confiance qui durent toute la vie. Il comprend que cela se construit un peu tous les jours.

Point de vue santé, cela va assez bien pour lui. Il fait du sport de temps en temps avec des copains : au hockey en hiver et au badminton en été. Il a juste quelques kilos à relâcher et à revenir à l'entraînement régulier.

Les finances, maintenant. Il tourne autour du sujet sans savoir comment s'y arrêter. Les événements des derniers jours lui ont montré qu'il n'est pas un bon gestionnaire. Que veut-il réellement? Jusqu'où peut-il rêver? Il veut réussir et connaître l'abondance. Il ne veut plus avoir de dettes et être inquiet du lendemain; cela, il le sait. Il laisse son esprit vagabonder. Il veut cette richesse qui permet de faire un tas de choses, de voyager, de contribuer. Il veut la liberté, cela aussi il le sait. C'est pourquoi ses rencontres avec Eugène Tassé sont si cruciales. Il a soif d'apprendre et est déterminé à réussir. C'est peut-être par rapport à son intention qu'il doit d'abord trouver la réponse.

Si en dix ou quinze ans, Eugène Tassé a réussi à constituer sa richesse au point de pouvoir prendre sa retraite, pourquoi pas lui? Pour le moment, qu'importe la manière, il a un mentor qui peut lui apprendre à faire de même. « Ne place pas la charrue avant les bœufs, Robert... », se dit-il. Sur ce, il se répète simplement qu'il veut être riche, sans préciser de montant d'argent.

Pour ce qui est du reste, d'un projet en particulier, d'un rêve... il repense à une idée qui a déjà germé dans sa tête il y a quelques années en regardant des films à la télévision. Il est souvent choqué par toute la violence et la sexualité débridée qu'il y a dans les films d'aujourd'hui et se demande lesquels il pourrait regarder avec Sarah en toute tranquillité. Peu de films reflètent le genre de valeurs qu'il voudrait transmettre à sa fille. Il se demande combien de parents comme lui sont inquiets des films produits par Hollywood qui élèvent sans cesse leur niveau de violence comme s'ils étaient en compétition pour remporter on ne sait quel trophée.

Il se souvient alors d'une histoire touchante et inspirante qui l'avait fortement marqué, ce genre d'histoire qui semble relever du miracle et pourtant réelle à la fois. Il s'agit du Mexicain Francisco Bucio et surtout de sa persévérance à devenir un grand chirurgien esthétique malgré des circonstances inimaginables : la perte des doigts de sa main droite. Grâce à une détermination obstinée, il a gardé les yeux fixés sur son rêve ; rien ne l'aurait empêché de devenir ce qu'il avait décidé d'être.

Sa vie bascula en 1985 lorsqu'un violent tremblement de terre d'une intensité de 8,1 sur l'échelle de Richter secoua la ville de Mexico, événement qui allait tester son courage et sa force morale. Le séisme tua plus de 10 000 personnes et fit des dizaines de milliers de blessés. Mexico est tout particulièrement vulnérable aux séismes car le centre de la ville a été construit sur d'anciens lacs, dont le fond a été recouvert d'immenses dépôts de boue de plusieurs mètres de hauteur.

Au moment du séisme, Francisco était dans une chambre au cinquième palier de l'hôpital comprenant neuf étages. Après le séisme, il se retrouva tout en bas, enterré sous des tonnes de débris de ciment. Dans l'obscurité totale et suffoquant dans la poussière, il réalisa qu'il avait survécu et qu'il semblait même intact, à l'exception d'une profonde entaille à la joue droite. Il se reposa quelques instants sur ses genoux et ses coudes dans cette prison de béton pour reprendre son souffle. Quand il voulut bouger, sa main gauche vint facilement, mais il prit alors conscience que sa main droite était coincée sous des décombres. Il essaya en vain de libérer sa main en tirant de toutes les façons, n'hésitant pas à s'arracher la peau, car il savait que sa main représentait son rêve le plus cher. Sans main, fini la carrière de chirurgien.

Quelques personnes furent dégagées le premier jour, puis quelques autres le jour suivant, puis plus personne. Les secouristes n'avaient plus aucun espoir de trouver quelqu'un en vie sous cet amas. Toutefois, le père et les six frères de Francisco qui s'activaient avec les secouristes étaient certains de le retrouver vivant. Ils prirent quatre jours pour le trouver. Il était faible, mais en vie. Devant la situation, les secouristes voulaient l'amputer pour l'extraire des décombres, mais son frère Rodolfo qui se trouvait sur les lieux à ce moment les persuada de travailler encore à soulever les débris pour dégager sa main. Une fois libéré, Francisco fut transporté vers un hôpital où les médecins tentèrent de lui sauver la main, mais quelques jours plus tard, ils se résignèrent à lui amputer quatre doigts, ne laissant que le pouce.

Ne voulant pas s'avouer vaincu, il rencontra le Dr Buncke, responsable du département de microchirurgie au Centre médical Davies, à San Francisco, qui avait mis au point en 1972 une méthode permettant de transplanter des orteils avec les artères, les tendons et les nerfs sur une main pour remplacer les doigts. Le Dr Buncke était probablement son dernier recours. Le microchirurgien greffa deux orteils sur la main de Francisco. Avec le temps et à force de persévérance, il arriva à saisir des objets à l'aide de son pouce et de ses deux « doigts ». Il s'efforçait de coudre des vêtements avec une aiguille, faire des nœuds, disséquer de la viande, etc. Il suivit un programme de thérapie et d'exercices intensifs pour sa main droite ainsi que pour sa main gauche pour devenir ambidextre. Pratique et persévérance...

Un autre chirurgien avait remarqué les efforts et les progrès de Francisco qui exécutait de petites interventions chirurgicales simples. Un jour, il lui demanda sur un ton indifférent de l'assister durant l'opération d'un homme dont le nez était fracturé. L'intervention était très délicate et Francisco pensait qu'il allait jouer un rôle très secondaire. Le médecin, contrairement à ce qu'il s'attendait, lui demanda de prélever du cartilage de la cage thoracique pour reconstruire le nez. Nerveux, Francisco comprit que l'ultime test était arrivé. La procédure fut laborieuse et il prit une heure pour la réaliser, mais il réussit. Plus rien ne pouvait l'arrêter dorénavant. Une autre opération à la main droite lui permit de trouver encore plus de flexibilité. Quelques années plus tard, le Dr Francisco Bucio est devenu un chirurgien esthétique de renom.

Tranquillement, Robert sent naître en lui une idée. Il aime beaucoup le cinéma ; c'est d'ailleurs une des raisons pour lesquelles il aime son travail, car cette passion y refait surface quand il imagine des concepts publicitaires et les scénarise sous forme de publicité télévisée.

Pourquoi ne ferait-il pas des films inspirants, des films qui édifient par leurs valeurs de persévérance, de courage, de générosité, des histoires qui « font du bien à l'âme » ? L'idée fait de plus en plus son chemin. Son cerveau est en ébullition. Il pourrait s'adonner à sa passion et inspirer des gens à aller au bout de leur potentiel même quand les problèmes font rage. Comment pourra-t-il réaliser ce projet ? Il l'ignore, mais il le voit déjà comme une certitude. Son rêve l'emballe. En fait, c'est toute cette nouvelle vie avec Michelle, Sarah et la poursuite de son rêve qu'il voit maintenant se dérouler devant lui.

Il se met à rédiger son plan de vie et ressent une grande libération.

✦✦✦✦✦✦✦

« L'avenir appartient à ceux qui croient
en la beauté de leur rêve ! »

— Eleanor Roosevelt

✦✦✦✦✦✦✦

5

Libre ou esclave

« Il y a deux choix fondamentaux
dans la vie : accepter les conditions
existantes ou accepter la responsabilité
personnelle de les changer. »

— Denis Waitley

Le matin de son rendez-vous avec Eugène Tassé, Robert relit son plan de vie avec autant d'enthousiasme que lorsqu'il l'a écrit. Il a des ailes tellement ça l'emballe ! Pour la première fois, il a l'impression d'être aux commandes de sa vie.

Le téléphone sonne. C'est la secrétaire de M. Tassé qui lui annonce le lieu du rendez-vous. Il s'agit d'un petit casse-croûte sympathique sur la place du marché.

C'est tout près du bureau de Robert. À l'heure convenue, il se faufile car il ne veut surtout pas être retenu par un collègue et arriver en retard au rendez-vous. Il s'y rend à pied. Il sent un regain d'espoir en pensant à la rencontre et marche plus rapidement, comme si cette émotion lui donnait de l'énergie. Arrivé au casse-croûte, il aperçoit M. Tassé qui est déjà attablé.

« Bonjour, M. Tassé », s'empresse-t-il de dire.

« Bonjour, Robert. Comment allez-vous ? »

« Très bien. Excellent, même. »

La serveuse apporte les menus et dès qu'ils ont fait leur choix, Eugène Tassé saute dans le vif du sujet.

« Robert, vous êtes venu me voir pour connaître mon secret financier. Et vous avez bien raison. C'est vrai que l'argent est au centre de nos vies. La richesse remplit un besoin bien réel, pour la simple raison qu'il faut de l'argent pour réaliser la majorité des choses de la vie. Pour avoir un toit sur la tête, cela prend de l'argent, et il en va de même pour se nourrir, se soigner, se vêtir, se déplacer en automobile ou en autobus, étudier, voyager, construire des édifices, des églises, aider les populations touchées par des cataclysmes, etc. La liste est longue, car tout nécessite d'une manière ou d'une autre le recours à l'argent. »

Ce à quoi il ajoute :

« Quand l'argent manque à la vie quotidienne, il s'ensuit un lot d'inquiétudes. Certains manquent de nourriture, d'autres ont des enfants qui ne peuvent poursuivre leurs études parce qu'ils doivent aller travailler pour rapporter de l'argent à la maison. Je me souviens d'une femme qui n'avait pas de chauffage et qui vivait sur de la terre battue avec toute l'humidité que cela représentait. La douleur est grande quand les gens n'ont pas assez d'argent pour vivre décemment. Ils doivent travailler, même malades, pour payer le loyer et les médicaments indispensables. Une travailleuse sociale me disait un jour qu'il y a des gens qui vivent de l'aide sociale et qui ont tellement peu d'argent que si un de leurs enfants tombe malade, ils ne peuvent acheter de médicaments en vente libre dans les pharmacies pour le soigner. Ils attendent donc que son état de santé se détériore au point de l'emmener à l'urgence, où il peut bénéficier des médicaments gratuits administrés par le médecin.

« Retenez bien ceci, Robert : le manque d'argent est la racine de bien des maux », affirme Eugène Tassé sur un ton quelque peu solennel.

Robert est tout ouïe.

« Mais ne dit-on pas plutôt que c'est l'argent qui est la cause de tous les maux ? » souligne-t-il en se rappelant de son enfance.

« Ce n'est pas l'argent, Robert, mais bien l'amour de l'argent qui mène à l'égoïsme, à l'avarice et à la cupidité. Regardez les grands scandales financiers, dans le cadre desquels des gens ont fraudé des milliers d'investisseurs ; voilà des exemples d'avidité et de convoitise qui donnent des cauchemars à de nombreuses personnes. Aujourd'hui je vous parle non pas de l'amour de l'argent, mais de l'importance de l'argent dans notre monde moderne et du fait que le manque d'argent crée des problèmes énormes dans nos vies et nos sociétés », précise Eugène Tassé.

Robert connaît le stress lié au manque d'argent et à la peur de tout perdre… dans son cas, par sa propre faute.

« Le manque d'argent engendre de la misère et des soucis, et cela m'attriste beaucoup. L'argent est le nerf de la guerre. Ici, je parle de la guerre à la pauvreté, à l'insécurité. En d'autres mots, l'argent permet ou empêche des choses de se réaliser. Le manque d'argent a aussi de grandes répercussions sur la vie des gens, leur perception d'eux-mêmes, leur bonheur. »

« L'argent ne fait pas le bonheur, disait mon père. »

« C'est vrai d'un certain point de vue. Le bonheur est lié à l'attitude beaucoup plus qu'aux biens matériels. Mais il n'est pas question ici de débattre du fait que l'argent apporte le bonheur ou non. Il s'agit plutôt de comprendre que notre façon de le gérer a un impact positif ou négatif, selon le cas, sur notre perception de nous-mêmes, notre confiance en nous et notre capacité à gérer correctement notre vie. Notre façon de gérer l'argent se répercute aussi sur notre vie sociale et notre contribution à la communauté. »

Eugène Tassé sort deux cartes de la poche de son veston et les dépose sur la table.

« Je mets devant vous une carte « libre » et l'autre « esclave ». Laquelle des deux cartes choisissez-vous ?

Sans hésiter, Robert pointe la carte « libre ». C'est très certainement plus agréable, pense-t-il en lui-même.

« Croyez-vous vraiment que vous êtes un homme libre, Robert ? » demande Eugène Tassé sans ambages.

« Oui, je le crois », répond Robert avec assurance. Il s'est toujours senti libre. Toutefois, il soupçonne qu'il y a autre chose derrière cette question.

« Le problème, de nos jours, c'est que les gens ne cherchent que le plaisir, la satisfaction immédiate. Ce qu'ils oublient, c'est que derrière cette satisfaction apparente, il y a un immense coût qu'ils payent. Voulez-vous savoir lequel ? »

« Oui... »

« Ils deviennent esclaves ! »

« Que voulez-vous dire par esclaves ? » demande Robert qui a perdu sa contenance habituelle et qui ne comprend pas trop la direction que prend la discussion.

« Je veux dire qu'ils sont esclaves de l'argent. C'est l'argent qui décide ce qu'ils vont faire ou ne pas faire. Ils voudraient voyager, mais c'est leur compte de banque qui décide pour eux. Ils voudraient envoyer leurs enfants à l'école privée, mais c'est encore une fois leur portefeuille qui dicte ce qu'ils vont faire. Les gens ont tendance à croire que l'esclave de l'argent, c'est celui qui l'aime démesurément. On nous inculque dès notre jeune âge que la racine de tous les maux est l'argent. Moi je dis que la racine d'une bonne partie des maux vient du fait que les gens ne gèrent pas judicieusement leurs avoirs et deviennent dépendants de l'argent ; pire, ils deviennent esclaves de ce que l'argent leur dicte de faire.

« Je vous repose maintenant la question, Robert. Êtes-vous un homme libre ou un esclave ? »

Un long silence suit la question.

Robert comprend maintenant que ses dépenses l'ont littéralement enchaîné. Il repense à ses problèmes financiers. Il doit travailler pour gagner la paie qui est déposée dans son compte toutes les deux semaines. Il a besoin de cette paie comme de sa respiration, sinon les ennuis se manifestent rapidement.

Eugène Tassé respecte ce temps de réflexion de son protégé. Il ne dit rien, laissant les mots qu'il vient de prononcer faire leur travail.

Robert regarde droit dans les yeux l'homme en face de lui. La révélation fait son chemin.

« Je choisis maintenant la liberté, murmure-t-il. Dites-moi comment on devient libre. »

« Pour cela, voyez-vous, il y a un autre secret… », prononce Eugène Tassé lentement.

Robert ouvre grand les oreilles.

« Pour ne pas devenir esclave de l'argent, il faut en devenir le maître.

« Il faut devenir le maître de l'argent, le dompter comme un cheval rétif et le gérer avec intelligence et discipline. Mieux vaut être un bon intendant de l'argent que d'en être l'esclave. Or, nous sommes l'un ou l'autre, que cela nous plaise ou non. Nous sommes de bons gestionnaires qui savons comment l'économiser et le faire fructifier, ou bien nous sommes dépendants du manque d'argent et nous en devenons les esclaves.

« Beaucoup de gens réagissent mal à cette idée. Ils se disent qu'ils ne sont pas esclaves de l'argent même s'ils en manquent. Ils préfèrent se bercer de douces illusions. Selon la définition du dictionnaire, est esclave celui ou celle "qui n'est pas de condition libre, qui est sous la puissance absolue d'un maître". Croyez-moi, j'ai vérifié. »

L'homme d'affaires poursuit :

« Si je ne suis pas en mesure de décider par moi-même des choses que je veux faire ou non, si quand vient le temps d'acheter quelque chose, c'est la grosseur de mon compte de banque qui détermine mes choix, je suis bel et bien esclave, car je ne suis pas libre de prendre les décisions que je veux. Mes choix sont dictés par ma situation financière et non par mes désirs.

« Prenons l'exemple d'un séminaire qui intéresse bien des gens. Si on leur demande ce qu'ils feraient si c'était gratuit, tous se disent prêts à s'inscrire. Mais s'il y a un coût, ces mêmes personnes ne peuvent s'inscrire car elles sont sans le sou. C'est donc l'absence d'argent qui décide si elles assisteront ou non au séminaire.

« Les principes de la richesse sont pourtant simples et ils donnent de très bons résultats si on désire les suivre », conclut Eugène Tassé.

Robert sait qu'il est à la croisée des chemins : d'un côté l'abondance, de l'autre les ennuis perpétuels. Il doit changer sa vie et la manière dont il s'occupe de ses finances. En fait, l'expression « s'occuper de ses finances » ne s'applique pas, car il ne fait strictement rien en ce sens.

« Je suis analphabète en matière d'argent », souffle-t-il.

« Vous avez tout à fait raison, et il en va de même pour la société en général. Mais les principes que je vais vous enseigner sont si puissants que tous ceux qui les ont mis en pratique – rappelez-vous la condition – ont connu la richesse. Je les ai moi-même éprouvés bien sûr, et ensuite je les ai enseignés à mes enfants, à mes employés, à mes amis, puis à des connaissances, des étudiants et même des habitants de pays défavorisés. La raison en est fort simple, et c'est que les principes en question restent les mêmes peu importe l'endroit, les circonstances, la nationalité, l'âge ou l'époque. »

Robert pense à tous ces gens découragés qui essaient par tous les moyens de s'en sortir financièrement, à ceux qui en ont assez de vivre le stress causé par les dettes, aux jeunes qui commencent dans la vie avec des prêts étudiants à rembourser et qui désirent fonder une famille. Pour toutes ces personnes, y compris pour lui-même, l'abondance semble bien loin.

« Il y a ceux qui réussissent financièrement et ceux qui, à l'écart, les regardent jouir de leur fortune. Nous sommes tous placés devant un choix : être les acteurs de notre vie, c'est-à-dire nous engager et gagner, ou en être des spectateurs extérieurs qui sont perdants et qui ressentent de l'amertume en voyant les autres jouir de leur fortune. Si une personne d'âge mûr se plaint encore de manquer d'argent, c'est qu'elle ne connaît pas les principes de la richesse ou, pire, ne les a pas suivis. »

Le temps a passé vite en compagnie de l'homme d'affaires.

« Il est déjà le temps de nous quitter. Cette fois, comme condition, vous devrez mettre par écrit toutes les dépenses quotidiennes que vous allez faire jusqu'à notre prochain rendez-vous. »

Robert acquiesce d'un signe de tête et serre la main de l'homme d'affaires. La condition à remplir cette fois n'a pas l'air trop compliquée.

En quelques grandes enjambées, il retourne au bureau. Dès qu'il arrive, il prend quelques instants pour écrire sur un bout de papier ses dépenses depuis le matin : un café, un muffin, un journal et un magazine de sports, un autre café, de l'essence. Le total est là pour le moment.

✦✦✦✦✦✦✦

« La vie est une opportunité
et non une obligation. »

— Tao du leadership

✦✦✦✦✦✦✦

« Le grand but de la formation
n'est pas le savoir, mais l'action. »

— Herbert Spencer

✦✦✦✦✦✦✦

« La défaite ne peut être une option.
Retire-la de ton esprit. »

— John Lunden

✦✦✦✦✦✦✦

6

Le premier principe de la richesse

« Ce que tu connais n'a pas d'importance.
Ce qui compte, c'est ce que tu fais
avec ce que tu connais. »
— Goethe

Le matin du rendez-vous suivant, Robert termine ses comptes afin de remplir la « condition » pour devenir riche. Il n'en revient tout simplement pas de constater qu'il a dépensé en moyenne 45 dollars par jour en toutes sortes de choses inutiles : cafés, beignes, muffins, revues, journaux, babioles pour Sarah… En trois jours, il a dépensé plus de 130 dollars. « C'est incroyable comme l'argent fuit ! Mon portefeuille est comme un panier percé » se dit-il, abattu.

Eugène Tassé a fixé la rencontre d'aujourd'hui à son bureau. Lorsque Robert arrive sur les lieux, la secrétaire l'accueille avec un sourire tout aussi chaleureux que celui de son patron. Elle lui demande de la suivre dans une salle de conférence; M. Tassé va venir dans quelques instants.

Robert observe les lieux. L'endroit est vaste et agréable. Il aperçoit sur les murs quelques photos de centres commerciaux. Comme il s'approche pour les regarder, il entend derrière lui la voix énergique d'Eugène Tassé.

« Bonjour, Robert ! »

« Bonjour, M. Tassé », répond-il en se tournant vers l'homme dynamique et amical.

« Asseyez-vous, Robert. Aujourd'hui, comme nous resterons ici, j'ai demandé à ce qu'on nous apporte un goûter pour que nous puissions travailler tout en mangeant. »

Robert remarque au même instant un fichier sur la table.

« Nous allons voir aujourd'hui les moyens dont nous disposons pour réaliser notre plan de vie », annonce l'homme d'affaires.

À ces mots, Robert se rappelle avec enthousiasme son plan de vie.

« Le plan de vie, c'est l'objectif de notre vie, c'en est en quelque sorte la destination. Mais pour arriver à cette destination, nous avons besoin d'une boussole, c'est-à-dire d'orientation. Vous vous rappelez? J'aime bien l'idée de la boussole, car elle nous amène à revoir constamment où nous sommes par rapport à notre destination. Si nous nous éloignons, elle nous donne toujours la nouvelle trajectoire à suivre pour corriger notre route. Elle est nécessaire à notre orientation. Encore faut-il la suivre ! Cela nous ramène une fois de plus à la condition essentielle au succès : faire ce qui doit être fait. »

Robert donne son assentiment d'un signe de tête.

« Comment avez-vous aimé mon petit exercice de répertorier vos dépenses, Robert ? »

« C'est effarant comme l'argent sort de mes poches sans que je m'en aperçoive. Je suis estomaqué de voir tout ce que j'ai dépensé en si peu de temps », répond celui-ci avec spontanéité.

« Vous avez bien raison et vous n'êtes pas le seul. Si d'autres faisaient le même exercice, ils seraient en général tout aussi stupéfaits que vous. Cela m'amène à ce que nous allons aborder aujourd'hui, à savoir les principes de la richesse, qui sont notre boussole. Le premier consiste à *savoir où va notre argent*. Installons-nous à cette table, car j'ai des papiers à vous montrer.

« Ce premier principe semble anodin et pourtant, il est au cœur de nos problèmes financiers. Il touche la conscience, c'est-à-dire la connaissance immédiate de nos transactions financières. La première constatation que font bien des gens sans même faire de calcul, c'est que l'argent disparaît de leurs poches aussi vite qu'il y est entré. Combien de personnes se demandent, comme vous, où est passé leur argent ? Ils avaient 100 dollars en poche le matin et ils réalisent à la fin de la journée que leur portefeuille est vide. Il y a aussi les couples qui gagnent pourtant de bons salaires et qui, à la fin du mois, sont toujours sans le sou et se disent qu'il devrait rester pourtant quelque chose de tout cet argent. L'argent part si vite que les gens ne savent trop où il est rendu ni à quoi il a servi ; ils sont abasourdis par le fait qu'ils ne s'enrichissent pas malgré des revenus familiaux importants. »

Robert se pose lui-même la question. Il lui semble tout à fait illogique de manquer d'argent alors que Michelle et lui travaillent et ont tous deux d'assez bons revenus.

« Le premier principe de la richesse est donc de prendre conscience de ce mouvement de l'argent, de réaliser d'où il vient et où il va. Une façon simple et reconnue de le faire est de tenir un budget pour faire le décompte des revenus et des dépenses.

Savoir comment l'argent est dépensé est primordial pour atteindre la richesse. Les gens qui font un budget et qui comptabilisent leurs dépenses quotidiennes se rendent souvent compte qu'ils ont consacré jusqu'à 8 ou 10 dollars à l'achat de café et de muffins ou qu'ils ont dépensé des sommes impressionnantes en magasinant ici et là sur l'heure du dîner. »

La conversation est interrompue par l'arrivée d'Élisabeth, la secrétaire de M. Tassé, qui leur apporte des sandwichs fort appétissants.

Après l'avoir remerciée, les deux hommes prennent quelques instants pour se servir et croquer dans un sandwich. Robert commençait à avoir faim. Après deux ou trois bouchées, ils replongent dans leur discussion.

« Le problème, c'est qu'avec le mode de vie actuel, l'argent disparaît dans un trou sans fond et plus rien ne reste de toutes ces sommes pourtant durement gagnées.

« Beaucoup de gens préfèrent ne pas savoir où va leur argent ; ils choisissent de jouer à l'autruche et de rester la tête dans le sable. C'est de l'évitement : ils ne veulent pas connaître leur situation financière, de peur qu'elle soit catastrophique, et préfèrent croire que cela n'est pas si terrible étant donné qu'ils ont de bons salaires. Une grande firme de conseillers en redressement financier va d'ailleurs dans le même sens en diffusant dans sa publicité un message qui dit "RASSUREZ-VOUS, vous n'êtes pas seul à éprouver des difficultés financières". Comment peut-on être rassuré lorsqu'on est au bord de la faillite et qu'on vit des angoisses quotidiennes insoutenables ? Et dire aux gens de ne pas s'en faire parce que plein d'autres personnes vivent la même situation, c'est ridicule !

« Lorsque les dettes atteignent un point de non-retour et que les revenus sont insuffisants pour les payer, les banques et autres institutions financières recommandent un refinancement global, appelé consolidation des dettes. Ne croyez pas qu'il n'y a que des gens pauvres ou peu scolarisés qui se retrouvent dans cette situation. Non, non, il y a aussi des médecins, des dentistes, des ingénieurs. Un ami banquier me confiait à quel point il est fréquent que des professionnels avec de gros salaires viennent consolider leurs dettes. Cela n'a rien à voir avec l'âge, le sexe, la nationalité, la profession ou le milieu social : les problèmes d'argent sont partout et dans tous les milieux. »

« Même chez les médecins ? » s'exclame Robert.

« Eh oui. Sans gestion ni connaissance de ce qui se passe avec notre argent, nous agissons à notre détriment. Les problèmes d'argent causent du stress, de l'angoisse, de l'insomnie et des conflits au sein du couple. Plus de 50 pour cent des divorces sont causés par des ennuis financiers. »

Robert se rappelle la tension des dernières semaines à la maison.

« Le budget est simplement un calcul des revenus et dépenses. Il permet surtout de tenir le compte de nos dépenses, de constater où l'argent est dépensé et de faire les corrections qui s'imposent pour que le côté épargne dépasse le côté dépenses. Il faut éviter que le compte soit dans le rouge, comme on le dit couramment.

« Déterminer où va l'argent est une démarche qui doit être rigoureuse et réaliste. Il faut retracer la source de ses dépenses avec le plus d'exactitude possible et savoir à quel moment chacune est prévue. Au début, il s'agit de tout noter, car on a souvent tendance à oublier le deux dollars pour le café ou le muffin à la pause. Or c'est souvent là, dans ces petits achats de rien du tout, que s'envole une partie bien plus importante que l'on croit de notre argent. »

Robert écoute, mais l'idée d'un budget l'a toujours rebuté. Il voit ça comme quelque chose qui lui enlève toute liberté, comme un carcan. Il reste néanmoins à l'écoute.

Eugène Tassé sort une feuille qu'il lui tend. « Voici un budget type : on fait la liste de tous les engagements financiers ; certains reviennent mensuellement, d'autres une fois dans l'année, comme l'immatriculation de l'automobile. Si ce n'est pas planifié, le budget ne fonctionne pas ! Tout est question d'équilibre entre les entrées et les sorties d'argent.

« Les dépenses sont regroupées dans quatre postes :

1. Les frais hebdomadaires : l'épicerie, les produits achetés en pharmacie, le nettoyeur, l'essence, les billets d'autobus et les sorties.

2. Les frais mensuels : les paiements pour l'habitation, l'électricité ou le gaz, les assurances, les remboursements d'emprunt, les dépenses liées aux communications (téléphone, câble, Internet).

3. Les frais annuels : le transport (permis de conduire, immatriculation, entretien et réparations, etc.), l'habillement, les loisirs, les vacances et les meubles.

4. L'épargne et les placements destinés à la réalisation de projets particuliers à moyen terme (à des rénovations, par exemple) et l'épargne-retraite. Ce poste sert aussi au remboursement du crédit. »

Robert regarde les feuilles déposées sur la table sans rien dire, essayant d'emmagasiner tout ce qu'il entend.

« Le budget est là pour vous aider à accroître votre fortune en ayant une idée claire de vos revenus et de vos dépenses. Il vous permet d'apporter les correctifs nécessaires car il est votre avertisseur, le feu rouge qui vous dit s'il y a un déséquilibre dans votre budget et ce qui doit être fait pour redresser la situation.

« J'ai l'habitude de demander aux gens quel type de budget ils veulent choisir », poursuit-il.

« Que voulez-vous dire ? » demande Robert.

« Il faut déterminer quel type de budget vous désirez établir en vue d'épargner. En d'autres mots, voulez-vous vous enrichir rapidement ou plus lentement ? »

Robert répondrait bien « rapidement », mais il attend avant de parler car il se méfie un peu du « coût à payer », comme dirait M. Tassé.

« Il y a ce que j'appelle le budget strict, qui vise à épargner 30 pour cent des revenus. Évidemment, un jeune qui vit encore chez ses parents et qui n'a pas d'obligations pourrait même augmenter cette épargne jusqu'à 40 ou même 50 pour cent. Quand j'étais jeune, c'est ce que mon père m'avait appris. Pour chaque dollar obtenu, je mettais 50 cents de côté. »

Robert siffle doucement en entendant cela.

« Un budget dit moyen a pour objectif d'épargner 20 pour cent des revenus. Et finalement, un budget plus léger vise l'épargne de 10 pour cent des revenus.

« Plus la personne s'astreint à un budget strict, plus son épargne augmente rapidement. Tous les livres sur les finances recommandent d'épargner un minimum de 10 pour cent, mais malheureusement, bien des gens ne le font pas ou, s'ils essaient, ils utilisent à la moindre occasion la somme mise de côté pour toutes sortes d'achats.

« Or, il y a un engagement ferme qui doit être pris, bref une "condition" à respecter : une fois que vous avez décidé du pourcentage que vous épargnerez, vous ne devez plus revenir sur votre décision. Sinon vous vivrez comme un yo-yo : il va de haut en bas et quand il n'a plus d'impulsion, il se retrouve toujours en bas. »

Robert n'aime pas cette image de la corde tendue avec un yo-yo qui pend tout en bas. Il commence à s'agiter sur sa chaise.

« Mais comment peut-on arriver à mettre de côté 20 à 30 pour cent de ses revenus ? » lance-t-il.

« Cela dépend de nos dépenses. Si on tient fermement à épargner un bon montant, il s'agit simplement de mettre un harnais plus solide sur les dépenses. Certains, par exemple, réussissent à payer leur maison en une dizaine d'années. Comment font-ils alors que la majorité des gens paient en 25 ans et qu'il y a même de nos jours des hypothèques d'une durée de 40 ans ? C'est simple : ils mettent de côté tout ce qu'ils peuvent et paient chaque année les dix pour cent permis en remboursement de capital. Au moment de renouveler l'hypothèque, ils utilisent la somme épargnée pour diminuer leur emprunt. Le résultat est fulgurant. C'est encore plus efficace si vous avez une propriété à logements qui vous donne des revenus. »

Robert regarde Eugène Tassé avec étonnement. Il n'avait jamais cru qu'on pouvait payer une maison en une dizaine d'années.

« Comment peuvent-ils y parvenir ? Je veux dire financière-ment ? » demande-t-il.

« Ils s'y sont tout simplement engagés, car ils ont vu les avantages et ne se sont pas attardés au coût à payer. »

Encore cette idée de coûts-avantages, pense Robert.

« Leur détermination est capable de leur faire supporter les sacrifices nécessaires. Parfois, cela veut dire acheter du mobilier usagé et le plus souvent, je dirais, cela exige de résister à tous les gadgets de l'heure. Combien de personnes ont un ordinateur super performant et ne l'utilisent que pour écrire des textes en Word alors qu'un ordinateur moins récent pourrait faire le même travail ?

« Le gros avantage, c'est qu'après ces moments où ils se serrent la ceinture et restreignent leurs dépenses, leur logement ne leur coûte plus rien. Ils ont donc beaucoup plus d'argent dans leurs poches que ceux qui doivent payer encore leur hypothèque.

Imaginez la différence que cela ferait dans votre vie si vous n'aviez rien à débourser pour le logement. »

« Toute une différence ! » s'exclame Robert.

« La clé du succès, répète Eugène Tassé, tient au fait qu'une fois que l'on a décidé du type de budget à respecter, il faut s'y tenir.

« Si on change au gré de nos envies ou de nos dépenses, il ne faudra pas grand temps pour que notre épargne fonde comme neige au soleil. Qu'en pensez-vous, Robert ? »

Robert se sent agité. Il voit toutes les possibilités qui s'offrent à lui.

« Je vois comment ma vie pourrait radicalement changer », prononce-t-il, comme sous l'effet d'une révélation.

« Voici un exemple de budget, indique Eugène Tassé en lui tendant une feuille. Ce n'est pas très compliqué. Il faut prendre l'habitude d'entrer les données de façon régulière. Certains le font une fois par mois, d'autres une fois par semaine. Moi je suggère de le faire chaque soir ; cela ne prend pas beaucoup de temps et permet de garder en mémoire votre objectif d'épargne. En moins de deux ou trois minutes, tout au plus cinq, vous aurez compilé vos dépenses de la journée. C'est l'une des meilleures habitudes que vous puissiez prendre. Toujours ma condition, conclut-il en riant : mettre les connaissances en pratique !

« Voici une autre feuille qui donne des moyens de vous faciliter la tâche.

- Si vos revenus sont fixes et vous sont versés par dépôt direct bancaire, vous pouvez demander à votre établissement financier de retirer automatiquement le montant d'épargne convenu le jour même de la paie. De cette façon, vous ne risquez pas de le dépenser et avec le temps, vous vous habituerez à ne pas avoir ce montant. En d'autres termes, vous vous habituerez à vivre avec ce qui reste.

- Si ça n'est pas possible parce que vous recevez des montants différents d'une fois à l'autre ou parce que votre paie n'est pas déposée dans votre compte, ouvrez un compte d'épargne sans option de retrait au guichet. Cela vous aidera à ne pas dépenser de façon impulsive l'argent durement épargné.

- Gardez toujours en vue vos objectifs financiers et votre plan de vie. Cela évite de céder à l'impulsion du moment et de dépenser l'argent épargné. »

Robert regarde ce qui est écrit et se dit qu'il a tout à gagner à le faire. Il a souvent lu des livres qui promettaient la richesse, mais cela n'a rien changé à sa vie. Il se rend compte qu'il y manquait une « condition clé » : mettre en pratique les conseils fournis.

Eugène Tassé le voit réfléchir et ajoute :

« Pour terminer, je vous dirai que s'il est sage de savoir ce qui arrive au jour le jour et de tenir compte de ses revenus et dépenses chaque mois, il faut aussi connaître sa situation financière chaque année. Préparer un bilan et analyser votre santé financière au moins une fois l'an est crucial pour savoir si vous vous êtes enrichi ou appauvri au cours des derniers mois. Êtes-vous dans une meilleure situation que l'année précédente, ou le contraire ? Que devez-vous corriger, si nécessaire, pour vous assurer d'être en voie d'atteindre vos objectifs ?

« Établir son bilan annuel est assez facile. Il s'agit de diviser une feuille en deux à la verticale. D'un côté, vous dressez la liste de tout ce que vous possédez (vos avoirs) en indiquant le solde des comptes bancaires, les fonds de pension, les immobilisations (maisons, terrains) et les biens durables (automobiles, meubles, etc.). De l'autre, vous faites l'inventaire des dettes : hypothèque, prêt personnel, prêt automobile, soldes de cartes de crédit, etc.

Ensuite, il suffit de soustraire vos dettes de vos avoirs pour connaître votre situation financière. Bien entendu, si vos avoirs sont plus élevés que vos dettes, c'est mieux que l'inverse. C'est un exercice que je fais moi-même chaque année à la même date, en début d'année. Je vous conseille de le faire dès maintenant, même si ce n'est pas le début de l'année, car cela vous indiquera votre point de départ. »

Robert se demande bien où peut se trouver son point de départ.

« Savez-vous pourquoi ce bilan est si crucial dans la progression vers la richesse, Robert ? C'est qu'il constitue une carte routière. Car même si vous savez où vous allez, vous avez tout de même régulièrement besoin de vérifier où vous vous trouvez par rapport à votre destination finale.

« Je vous demande donc de faire votre bilan annuel et de commencer immédiatement votre budget. »

Robert regarde le formulaire avec ses colonnes et il ressent une certaine appréhension à l'idée de voir le portrait réel de ses finances.

Eugène Tassé poursuit : « Nous pourrions nous rencontrer la prochaine fois au restaurant Primerose, sur la rue Principale. Cela vous convient-il ? »

« Absolument ! » répond Robert. Les deux hommes se quittent sur les salutations habituelles.

Après sa journée de travail, Robert s'arrête chez l'épicier pour acheter du saumon, car il sait que Michelle aime ça. Une fois Sarah couchée, il ouvre sa serviette et en sort les documents sur le budget et le bilan financier annuel. Il se met à la tâche, posant parfois des questions à Michelle sur des comptes ou l'emplacement de certains documents. Michelle ne se préoccupe pas vraiment de ce qu'il fait et se contente de lui donner les renseignements qu'il demande.

Elle va finalement se coucher et Robert continue son bilan financier. Il a presque terminé. Une fois les données entrées, il fait la comparaison des colonnes Avoirs et Dettes avec une certaine inquiétude. Il a peur que le bilan soit catastrophique, car les dettes sont assez élevées. Elles sont surtout liées à l'hypothèque, aux cartes de crédit qu'il utilise allègrement et à des prêts personnels et automobiles. Il a sous les yeux leur bilan financier. La situation ne lui semble pas très reluisante. À la pensée de son prochain rendez-vous avec Eugène Tassé, il se sent plutôt gêné. Il regarde les calculs et se demande s'il ne pourrait pas ajouter quelque chose du côté des avoirs, mais il sait bien qu'il a tout révisé plusieurs fois.

Il se met à penser à l'avenir qu'il a devant lui, qui n'apparaît pas très brillant aujourd'hui. Il repense à la question d'Eugène Tassé : « Je mets devant vous la richesse et la pauvreté. Laquelle choisissez-vous ? » et c'est comme s'il entendait réellement la voix de l'homme d'affaires lui souffler « Choisis la richesse ! ».

Oui, il décide de choisir la richesse ! Il se promet que l'an prochain à pareille date, sa situation financière sera nettement améliorée et que pour y arriver, il va réduire ses dépenses le plus possible.

Il regarde encore son bilan, cette fois avec le sentiment qu'il sait quoi faire et qu'il a le contrôle de son avenir. Rassuré, il ramasse les papiers, les met sur son bureau pour les montrer à Michelle le lendemain et va se coucher à son tour.

✦✦✦✦✦✦✦

« Le secret d'aller de l'avant ?
C'est simple : il s'agit de commencer. »

— Sally Berger

✦✦✦✦✦✦✦

7

Riche sans dettes

« Les dettes sont des voleurs de rêves. »
— Manon Raîche

« La procrastination est le voleur du temps. »
— Edward Young

Robert quitte le bureau quinze minutes à l'avance pour se rendre à temps à son rendez-vous. Il aime être à l'heure. Il a vite appris que les clients n'aiment pas attendre et il n'a pas l'intention de déroger à cette règle, surtout pour rencontrer Eugène Tassé.

Il arrive le premier, mais au bout de quelques secondes à peine, il voit celui-ci franchir la porte du restaurant. Tous deux se laissent guider par la serveuse vers une table située un peu en retrait.

« Voici les menus, M. Tassé », dit la serveuse, qui semble bien le connaître.

« Merci beaucoup », répond-il en tendant un menu à Robert. Puis, d'emblée, il enfile :

« Voulez-vous connaître le deuxième principe de la richesse, Robert ? »

« Bien sûr », répond celui-ci, soulagé de ne pas avoir à soumettre le résultat de son bilan financier.

« Une personne sans dettes est déjà riche », dit-il en observant l'effet produit sur Robert.

« Pour moi, la richesse, c'est avoir beaucoup d'argent dans mon compte de banque », répond Robert.

« Combien d'argent ? » demande Eugène Tassé avec des yeux vifs.

« Je ne sais pas... euh... beaucoup. Un million, par exemple. »

« Un million, c'est bien, mais tout est relatif. Un million au début du XXᵉ siècle représenterait aujourd'hui 30 millions. Que vaudra votre million dans 20 ans ? »

« Je vous le répète : une personne sans dettes est déjà riche. Savez-vous pourquoi ? »

« Non... »

« Parce qu'elle est libre et très puissante », réplique Eugène Tassé en insistant sur le mot libre.

« Vous vous rappelez les deux cartes "libre" et "esclave" entre lesquelles je vous ai demandé de choisir ? »

Robert acquiesce d'un signe de tête.

« La personne endettée est esclave de ses dettes, mais le plus ironique, c'est qu'elle enrichit les autres : les banques, les directeurs de succursales financières qui reçoivent des bonus parce qu'ils ont plus de clients, et bien sûr les actionnaires de ces institutions. Tout le monde devient plus riche sauf la personne endettée, à qui ses dettes coûtent très cher. Les cartes de crédit imposent des taux d'environ 18 pour cent, ce qui est énorme », ajoute-t-il avec une certaine exaspération dans la voix en pensant aux milliers de personnes prises au piège et avec un reproche à peine voilé envers les institutions financières et les entreprises de consommation qui encouragent le crédit.

Robert le regarde sans rien dire, sachant bien qu'il fait partie de ces personnes endettées. Son bilan financier le lui a révélé sans un doute possible.

« Vous vous souvenez des intentions qui se font concurrence. Les gens veulent la richesse, mais en même temps ils en désirent tous les attributs, c'est-à-dire des biens de consommation de toutes sortes : maison, voitures, bateau, gadgets, voyages, etc. C'est comme vouloir le beurre sans perdre l'argent du beurre. Vous connaissez l'expression ? »

« Oui. »

« La réalité est tout autre, car lorsqu'on achète le beurre, on perd inévitablement l'argent du beurre. Les gens sont particulière-ment pressés de se payer toutes sortes d'objets populaires ou de biens qu'ils pensent nécessaires à leur vie quotidienne. Or, pour obtenir la richesse, il faut d'abord savoir épargner. Si celui qui gagne l'argent le dépense aussitôt, il est facile d'imaginer la pente descendante sur laquelle il s'est engagé.

« Les gens cherchent bien plus les apparences momentanées de la richesse, qui les bercent d'une douce illusion, mais le réveil est pénible quand ils font le compte de leurs dettes de consommation. S'endetter est la pire des décisions », affirme-t-il d'un ton énergique.

« Je dénonce l'habitude de payer à crédit car ainsi, les gens paient plus d'une fois leurs achats. Ils seraient bien mieux de payer comptant ou de consulter les petites annonces. On peut y trouver bien des appareils ménagers et des meubles en très bonne condition, vous savez. Les frais de crédit font grimper bien trop haut le prix des biens achetés. Prenons l'exemple d'une automobile de 20 000 $ pour l'achat de laquelle vous faites un versement initial de 2 000 $. En supposant que le taux d'intérêt sur votre emprunt est de 9 pour cent pour les 60 prochains mois, cela signifie que vous allez payer en bout de ligne 5 000 $ de plus pour votre automobile. Or, on peut faire beaucoup avec 5 000 $ en poche, n'est-ce pas, Robert ? »

Robert pense immédiatement aux « 10 000 dollars » que représentent sa voiture et celle de Michelle et ça lui fait mal au cœur de réaliser que les banques sont loin de penser à son avantage autant qu'à leur profit. Eugène Tassé poursuit :

« Les sommes englouties dans les intérêts limitent considérablement l'épargne, mais surtout, elles vous privent de ce que vous désirez le plus, la richesse. » Un silence éloquent de quelques secondes suit cette affirmation. Robert n'ose dire un mot.

« En fait, Robert, il est très important de comprendre que la satisfaction des désirs immédiats vous empêche d'obtenir la richesse que vous recherchez.

« Les Canadiens dépensent de plus en plus et épargnent de moins en moins. Encore des vases communicants ! Résultat : la situation de l'endettement s'aggrave. Selon une étude d'une institution financière, l'endettement des ménages canadiens est passé de 70 pour cent du revenu en 1985 à 115 pour cent en 2002. Incroyable ! La progression de l'endettement s'est accélérée car les taux d'intérêt se situent à leur niveau le plus bas depuis 40 ans. De l'autre côté, le taux d'épargne des Canadiens est passé de 13 pour cent en 1990 à moins de 2 pour cent aujourd'hui. Il s'agit d'un record, mais dans le mauvais sens du terme, car cette situation aura des effets désastreux sur le niveau d'enrichissement des gens aussi bien que sur celui de l'ensemble de la société.

« Les gens, en revanche, tentent d'obtenir toujours plus d'argent par différents moyens, notamment en travaillant un plus grand nombre d'heures ou en cumulant deux emplois. Au sein des couples, les deux conjoints travaillent et cela leur donne l'impression d'avoir suffisamment d'argent pour se payer presque tout ce qu'ils veulent. La maison imposante ne peut attendre, pas plus que le mobilier neuf. Il est étonnant de voir tous les biens que s'offrent les jeunes ménages ; ils ont souvent deux voitures, ils voyagent régulièrement, ils offrent à leurs enfants tout ce qu'ils veulent, qu'il s'agisse de participer à des activités coûteuses ou de suivre des cours d'arts martiaux, de patinage artistique, etc. »

« Mais n'est-ce pas important pour le développement des enfants de les inscrire à diverses activités ? » avance Robert qui tente de se disculper en pensant à tout ce qu'ils dépensent pour Sarah.

« Oui, mais la question est de discerner ce qui est prioritaire pour ensuite organiser le budget en fonction des CHOIX. Si un cours est très important pour l'enfant, il faut alors soustraire autre chose du budget. Le problème, c'est quand TOUT devient prioritaire », précise Eugène Tassé.

« Pourquoi acheter le journal si on n'a pas beaucoup d'argent alors qu'il y a la radio, la télévision et l'Internet qui peuvent nous informer tout aussi bien ? »

Robert se dit que c'est bien vrai, d'autant plus qu'il écoute toujours le bulletin de nouvelles à la radio en conduisant son automobile.

« Établir un budget aide notamment à faire la distinction entre des désirs moins importants et nos désirs les plus grands. Cela permet de suivre attentivement notre parcours financier et de nous ramener dans la bonne direction si on a tendance à s'en éloigner.

« Ce mirage de la richesse, que j'appelle la consommation à outrance, cache trop souvent un compte de banque plutôt à sec. Et c'est sans compter les nuits blanches et le stress dus aux nombreuses dettes. Un petit imprévu place littéralement les gens au bord du gouffre et ils doivent alors supplier la banque de leur accorder un prêt pour refinancer l'ensemble de leurs dettes. Le cercle vicieux des intérêts à payer s'enclenche donc à nouveau, et les gens paient et repaient les mêmes biens au-delà de leur véritable valeur.

« Combien de gens dépensent des sommes importantes pour des biens de consommation qui sont éphémères. Rien de tout cela ne subsiste bien longtemps. Les meubles sont construits dans l'optique de les remplacer au bout de dix ans. Les écrans de télévision perdent leurs cristaux et leur luminosité au bout de cinq ans. La technologie est conçue pour être remplacée régulièrement. Il ne faut pas se faire d'illusions, c'est la roue de la consommation qui tourne sans cesse. Pire, les entreprises cherchent par tous les moyens à amener les consommateurs à renouveler plus souvent leurs biens par l'attrait de la nouveauté. »

Robert écoute et c'est comme si tout s'éclairait devant lui. Le système économique est là pour le faire dépenser et non pour l'aider. Il sent la colère monter en réalisant qu'il s'est bien fait prendre dans ce cercle vicieux des dettes de consommation. Je me suis fait avoir comme un novice, pense-t-il.

« Pourquoi est-ce qu'on tombe dans le piège ? » demande-t-il avec amertume.

« Tout simplement parce que les jeunes ne reçoivent aucune éducation sur les finances et sont exposés à l'industrie extrêmement puissante de la publicité, qui les incite à acheter toujours plus d'objets. »

« Je sais, les campagnes publicitaires sont des machines à faire rêver. Nous faisons appel sans cesse aux émotions et aux rêves », précise Robert en connaissance de cause.

« Il existe plusieurs signes avant-coureurs d'une situation financière précaire. Je vous ai apporté une liste de questions, lisez-la bien. Si vous répondez oui à une ou à plusieurs de ces questions, vous devez vous inquiéter de votre situation financière. Cette liste va vous amener à réfléchir et à découvrir vos habitudes de consommation.

Empruntez-vous pour joindre les deux bouts ?

Prenez-vous du temps pour payer vos factures ?

Le nombre de vos créanciers augmente-t-il ?

Êtes-vous incapable de payer votre loyer ou votre prêt hypothécaire à temps ?

Payez-vous beaucoup d'intérêts sans réduire le capital de vos dettes ?

Utilisez-vous vos cartes de crédit plus par nécessité que pour le côté pratique de ce mode de paiement ?

Les créanciers vous harcèlent-ils pour être remboursés ?

« Voici une autre liste de conseils ou de moyens à votre portée pour changer vos habitudes de consommation et améliorer votre situation financière », explique Eugène Tassé en tendant une autre feuille à Robert. « Évaluez votre situation en fonction de chacun d'eux et pratiquez-les avec persistance, ils vous paieront beaucoup en retour. »

Payez comptant et évitez d'utiliser les cartes de crédit.

Révisez votre budget et vos dépenses tous les mois.

Évitez d'acheter maintenant pour payer plus tard.

Ne vous engagez à rien par contrat sans connaître toutes vos obligations.

Demandez-vous si l'achat envisagé vaut la peine compte tenu du stress qu'il vous fera subir à la fin du mois.

Calculez le temps qu'il vous faudra travailler pour payer un achat.

Sachez toujours où vous en êtes dans vos finances.

Plutôt que de faire des achats dispendieux, trouvez des moyens moins coûteux de combler vos besoins (avec des biens usagers, par exemple).

Attendez 48 heures avant de faire un achat, et vous remarquerez que souvent votre désir s'est atténué.

Si vous n'avez besoin de rien, n'allez pas dans les magasins où vous serez inévitablement tentés.

Analysez la façon dont vous effectuez vos achats afin de mieux connaître votre personnalité et de faire les modifications nécessaires.

Faites attention aux achats compulsifs qui servent à calmer une frustration.

Eugène Tassé se désole de voir tant de gens endettés qui ne réalisent pas à quel point ils compromettent leur avenir par cette incapacité de dire non à des dépenses le plus souvent inutiles ou superflues. Il appelle cela le « goulot d'étranglement de l'endettement ».

« Êtes-vous au courant de la situation catastrophique entourant les papiers commerciaux qui a débuté en 2008 ? » demande Eugène Tassé.

« Oui, répond Robert, mais je n'ai pas saisi tous les enjeux. »

« C'est assez simple. Il s'agit de consommateurs qui ont accepté les offres d'agents financiers de certaines banques qui leur proposaient des hypothèques représentant plus que la valeur de leur propriété. Beaucoup de gens ont accepté ces propositions et se sont retrouvés avec un niveau d'endettement dépassant leur capacité de payer. Des investisseurs ont racheté ces hypothèques risquées appelées des "papiers commerciaux". Quand les emprunteurs n'ont plus été capables de payer, les banques se sont mises à perdre de gros montants, entraînant avec elles tous ceux qui avaient acheté les papiers commerciaux qu'elles offraient. Notamment à cause de cela, la Caisse de dépôt du Québec a enregistré un déficit de quelque 40 milliards de dollars. »

« Quel piège incroyable ! » réplique Robert, offusqué par toute l'histoire.

« C'est vrai. Mais il reste que chacun est responsable de prendre les bonnes décisions. Il incombait aux consommateurs de ne pas s'illusionner et se croire capables d'acheter une maison au-dessus de leurs moyens. On revient toujours à la responsabilité personnelle, Robert. Un jour, ce sont les banques qui font des offres alléchantes et un autre jour, ce sont d'autres entreprises. C'est tellement facile de jouer à la victime en blâmant les autres. Par contre, il est difficile de détourner de son chemin une personne qui sait où elle s'en va, qui suit sa boussole fidèlement et qui ne se laisse pas distraire par les raccourcis qu'on lui propose.

« Et si vous croyez que ça n'est pas réellement un problème, examinez les chiffres suivants », indique l'homme d'affaires.

« L'Association des comptables généraux accrédités du Canada a fait connaître les résultats d'un sondage auprès des consommateurs, en 2007, pour connaître l'opinion des Canadiens sur l'évolution de leur endettement, de leur richesse et de leur attitude à l'égard des dépenses et de l'épargne. Le rapport de ce sondage, intitulé *Où va l'argent ? La croissance de l'endettement des ménages au Canada*, est très révélateur du comportement des Canadiens. En voici les grandes lignes.

• L'endettement des ménages, qui s'est établi à un milliard de dollars en 2006, atteint un niveau sans précédent.

- Le taux d'épargne personnelle baisse depuis le début des années 80. Il est passé d'un sommet de 20,2 % en 1982 à un creux de 1,2 % en 2005.

- En 2005, la valeur résidentielle par propriétaire avait baissé de 5 % par rapport à 1997.

- L'endettement des ménages a augmenté de 4,7 % par année en moyenne au cours des 30 dernières années, soit plus rapidement que le PIB et que leur revenu disponible et leur actif.

- C'est la consommation, et non l'accumulation d'actifs, qui est la principale cause de la croissance de l'endettement.

- Entre 1999 et 2005, la tranche de 20 % correspondant aux ménages les moins fortunés s'est située au deuxième rang en termes de rapidité de croissance de la dette par rapport à toutes les autres tranches de revenu.

- Plus de gens, soit 20 %, puisent dans leurs REER avant la retraite, pour payer des dépenses de la vie courante ou des dettes.

- Le recul de l'épargne crée une situation de plus en plus grave.

L'Association des comptables généraux accrédités du Canada émet les conclusions suivantes :

- Le fait que l'épargne diminue est inquiétante surtout si l'on tient compte du fait que de plus en plus de gens arrivent à l'étape de leur vie au cours de laquelle ils devraient épargner en prévision de leur retraite.

- Bien que les établissements de crédit offrent un service utile à la population, leur tolérance au risque ne doit pas se substituer au jugement des gens, qui doivent savoir discerner par eux-mêmes les bonnes dettes des mauvaises.

- De nombreuses personnes ne semblent pas bien comprendre en quoi leurs dettes croissantes peuvent nuire à leur capacité d'affronter les crises économiques.

- La population vieillissante pourrait se trouver coincée entre, d'une part, devoir payer ses dettes avec un revenu qui n'est pas encore gagné et, d'autre part, tenter d'augmenter son épargne en prévision de la retraite.

- Le maintien du rythme actuel de l'endettement et la faible croissance des actifs auront pour effet d'accroître les dettes des personnes, exerçant une pression plus grande sur l'économie et les systèmes financiers qui les soutiennent. »

« C'est assez déprimant, toutes ces conclusions », dit Robert. Ce à quoi Eugène Tassé rétorque :

« Les gens se lancent à courte vue dans l'endettement sans réaliser l'impact que ces dettes auront sur leur qualité de vie au moment de la retraite. Ils en seront quittes pour faire comme bon nombre de personnes : retourner sur le marché du travail. De plus en plus de "têtes grises" retournent travailler pour boucler leur fin de mois ou simplement pour vivre décemment. Vous en trouverez partout », soupire-t-il tristement.

« La fable de La Fontaine *La cigale et la fourmi* est aussi pertinente aujourd'hui que lorsqu'elle a été écrite au XVIIe siècle.

La cigale, ayant chanté tout l'été,
Se trouva fort dépourvue
Quand la bise fut venue.
Pas un seul petit morceau
De mouche ou de vermisseau.
Elle alla crier famine
Chez la fourmi sa voisine,
La priant de lui prêter
Quelque grain pour subsister

Jusqu'à la saison nouvelle.
Je vous paierai, lui dit-elle,
Avant l'août, foi d'animal,
Intérêt et principal.
La fourmi n'est pas prêteuse ;
C'est là son moindre défaut.
Que faisiez-vous au temps chaud ?
Dit-elle à cette emprunteuse.
Nuit et jour à tout venant
Je chantais, ne vous déplaise.
Vous chantiez ? J'en suis fort aise :
Eh bien ! dansez maintenant.

« Selon l'Enquête sociale générale de 2002, un peu plus de 20 pour cent des gens qui ont pris leur retraite entre 1992 et 2002 ont repris un emploi rémunéré, et une autre tranche de 4 % a cherché du travail mais n'a pas réussi à en trouver. Et ce phénomène va croissant. »

« Mais comment fait-on pour se débarrasser de ses dettes ? » demande Robert d'une voix mal assurée. « Je me suis aventuré sur des voies bien dangereuses et j'en paie le gros prix », confie-t-il. « Mes amis ne connaissent même pas l'ampleur de mes dettes. J'essaie de cacher ma situation car je trouve ça très embarrassant. »

« La plus grande liberté, c'est de vivre sans dettes. L'esprit est calme, fort, délivré du stress occasionné par les problèmes financiers. C'est pour cela que je répète si souvent que la personne sans dettes est déjà riche.

« La première chose à faire est de dresser une liste exhaustive de toutes vos dettes, sans rien oublier. Commencez par les dettes officielles : cartes de crédit, prêts personnels et automobiles, hypothèque. Puis comptabilisez celles que vous avez contractées auprès de membres de votre famille, d'amis, de connaissances. »

Robert pense aussitôt à un ami, Richard, qu'il ne voit plus que rarement. En fait, il l'évite depuis qu'il lui a emprunté quelques centaines de dollars et ne l'a jamais remboursé.

« La deuxième étape, poursuit l'homme d'affaires, c'est de réviser votre budget, c'est-à-dire de voir toutes vos dépenses et faire la distinction entre celles qui sont essentielles et celles qui sont un luxe. Il s'agit ensuite d'éliminer tout le superflu. »

Robert se demande bien quelles dépenses il va éliminer. Il a déjà peur de manquer de certaines choses auxquelles il est habitué. Et que vont dire les voisins ou les amis ?... Ils vont bien s'en rendre compte, songe-t-il.

Eugène Tassé le fait sortir de sa réflexion : « Ensuite, il faut réserver une partie de vos revenus pour payer les dettes, 10 à 20 pour cent par exemple. De cette façon, vos dettes vont diminuer graduellement et vous éprouverez du plaisir et du soulagement à les voir disparaître une à une. Payez le minimum sur celles dont le taux d'intérêt est le plus bas et payez le maximum sur les autres. Pour ce qui est de vos connaissances personnelles, avisez-les que vous allez les rembourser de façon régulière. Cela est beaucoup plus positif pour vos relations avec ces personnes que d'attendre d'avoir accumulé tout le montant pour les rembourser, car cela leur montre que vous prenez votre dette au sérieux.

« Vous êtes sûr que je ne serai pas accueilli, euh… durement ? » demande Robert.

« Agir de la sorte, c'est avoir une attitude intègre et consciencieuse. Il n'y a rien de pire que de laisser vos créanciers dans l'ignorance de vos intentions. Ils vont comprendre votre situation beaucoup mieux que vous ne le croyez et accueillir favorablement vos suggestions. Ce qu'ils veulent au bout du compte, c'est récupérer leur dû », conclut Eugène Tassé.

« Autre chose, Robert… Ce sera à vous de décider avec Michelle, mais avez-vous vraiment besoin de deux voitures ? Ne pouvez-vous pas prendre des dispositions avec la garderie ou encore modifier vos heures de travail ou celles de votre épouse pour vous débrouiller avec une seule ? L'un de vous peut-il utiliser le transport en commun ? En vendant une de vos voitures, vous pourriez non seulement diminuer vos dettes, mais affecter le montant actuellement réservé au paiement de la deuxième automobile au remboursement d'autres dettes. »

Robert soupire. Il se rappelle avoir lu un article sur la simplicité volontaire et se dit qu'il aurait sans doute intérêt à le relire. Il s'agit de retrouver du plaisir dans les choses simples. Il commence à se demander sérieusement si tous ses achats sont vraiment justifiés. Quand il a besoin d'une paire d'espadrilles, par exemple, faut-il nécessairement qu'il se procure la meilleure marque, qui est évidemment la plus coûteuse ?

Comme s'il lisait dans ses pensées, Eugène Tassé ajoute : « La société de consommation nous incite à tel point à acheter qu'il ne faut pas s'étonner d'avoir autant de difficulté à résister. Il faut croire que la publicité donne de très bons résultats si l'on songe que certaines entreprises sont prêtes à y investir plusieurs millions de dollars par année.

« La personne qui s'endette ne se respecte pas, car elle se place dans une situation à risque. L'un des secrets d'une vie heureuse est de payer ses dettes promptement et de ne pas acheter ce qu'on ne peut pas payer comptant. »

Pendant qu'Eugène Tassé parle, Robert se rappelle d'autres dettes contractées ici et là.

« Voilà le secret : résister à la tentation d'acheter, surtout si l'on n'a pas l'argent nécessaire. Lorsque vous en arriverez à cette étape, vous aurez confiance en vous-même et serez en mesure de faire la distinction entre les besoins réels et les désirs futiles. Souvent, les désirs spontanés auxquels on ne résiste pas nous enlèvent l'argent nécessaire pour les choses que nous désirons vraiment. Ils nous éloignent en fait de nos désirs véritables et de nos rêves. »

Robert voit bien toute la sagesse qu'il y a dans ces paroles et il sait que cela n'a rien à voir avec l'âge.

« Nous avons abordé aujourd'hui un très grand précepte de la vie, l'importance de "dompter" les dépenses. D'ici notre prochaine rencontre, Robert, je vous demande de répondre aux questions se trouvant sur les feuilles que je vous ai remises tout à l'heure et de penser aux modalités de remboursement de vos dettes. »

Robert se lève en même temps que l'homme d'affaires et il a l'impression d'être plus léger. Il se sent déjà moins accablé par ses dettes, car il entrevoit des solutions. Un plan pour se libérer de ses dettes germe dans son esprit et il a bien hâte de parler de tout cela avec Michelle.

❖❖❖❖❖❖

« Ce n'est pas parce que les choses
sont difficiles qu'on n'a pas
le courage de les faire.
C'est parce qu'on n'a pas le courage
de les faire qu'elles deviennent difficiles. »

— Sénèque

❖❖❖❖❖❖❖

« Les circonstances que nous rencontrons
n'ont pas autant d'importance que l'attitude que nous
prenons pour y faire face.
Cette attitude va faire la différence
entre le succès et l'échec. »

— Norman V. Peale

❖❖❖❖❖❖❖

« Très souvent, un changement de soi est plus
nécessaire qu'un changement de situation. »

— Benson

❖❖❖❖❖❖❖

8

Les premières lois de la richesse

« Rayez le verbe "essayer" de votre vocabulaire.
Essayer, c'est se donner une excuse
en cas d'échec. »
— Denis Waitley

Durant la soirée, Robert parle à Michelle de ses rencontres avec Eugène Tassé et il lui confie son désir de plus en plus grand de mettre de l'ordre dans leurs finances. Il lui explique avec enthousiasme comment il pourrait renverser le cours de leur vie en suivant les conseils de l'homme d'affaires multimillionnaire. De son côté, Michelle a également réfléchi à leur situation financière plutôt désastreuse. Elle aussi se dit que ça ne peut pas durer ainsi, qu'elle en a assez de tout ce stress. Par contre, elle se sent bien impuissante devant les événements.

Robert et elle discutent une grande partie de la soirée. Ils parlent de la société qui réduit tout le monde au rôle de consommateur et qui valorise beaucoup la satisfaction reliée à l'achat de produits. La consommation est devenue la principale activité dans notre société. Les centres commerciaux ne cessent de se multiplier. La raison d'être du travail n'est plus tant de se rendre utile ou d'accomplir quelque chose dont on peut être fier que de gagner de l'argent pour consommer toujours davantage. Ils se rendent compte à quel point ils consomment malgré eux. C'est le courant dominant et plus personne ne semble vraiment le remettre en question.

Ils commencent ensuite à analyser leurs habitudes de vie et à se demander comment ils pourraient réduire leurs dépenses. Ils se rappellent bien l'époque où la crise du pétrole les avait obligés à modifier leurs habitudes ; à ce moment-là, ils marchaient au lieu de prendre la voiture pour se rendre à la petite épicerie près de chez eux et Robert prenait plus souvent le vélo pour certains déplacements. Ces souvenirs lui rappellent d'ailleurs le prix élevé de son vélo et les propos d'Eugène Tassé au sujet des besoins. Il se dit qu'il a peut-être besoin d'un vélo, mais pas nécessairement d'un vélo de plus de mille dollars alors qu'on en trouve des bons au tiers de ce prix. Cela lui fait voir ses goûts luxueux et, plus encore, son désir de bien paraître devant ses amis. Ah, l'orgueil !

Il s'est mis dans un mauvais pétrin à cause de cet orgueil et c'est pour les mêmes raisons d'amour-propre qu'il cache ses difficultés financières à ses amis.

Michelle et lui se rendent compte à en parler que leurs difficultés viennent du fait que leurs valeurs sont axées sur l'avoir au lieu de l'être. Ils n'ont jamais eu ce genre de discussion au sujet de l'argent depuis qu'ils sont mariés. Comme ils ont de bons salaires, ils se croyaient à l'abri des problèmes financiers, un point c'est tout. Jamais ils n'ont parlé budget non plus. Chacun a toujours dépensé comme il l'entendait, sauf bien sûr pour les gros achats qu'ils ont effectués ensemble, comme la maison ou les voitures. Il faut dire toutefois que la plupart du temps, ils ont plutôt discuté du choix du modèle que de leur besoin réel de ladite voiture, car cela allait de soi que chacun ait la sienne. Tous leurs couples d'amis ont deux véhicules. Ils réalisent maintenant qu'ils ne font plus de véritables choix et que ce sont les tendances sociales, le style de vie de leurs amis et la publicité qui décident pour eux la plupart du temps.

Eugène Tassé, pour la première fois depuis longtemps, les place devant un choix, celui de leur vie, celui de la richesse ou de la pauvreté chronique. Ils finissent par aller se coucher, mais continuent de parler pendant au moins une heure avant de finalement s'endormir. Robert a très hâte à sa rencontre avec l'homme d'affaires deux jours plus tard.

Ce jour-là, il se lève dès que le réveil sonne en se rappelant qu'il rejoint Eugène Tassé dans un petit restaurant italien à l'heure du midi.

Au travail, il regarde souvent l'horloge, qui n'avance pas assez vite à son goût.

Finalement, il part en direction du restaurant au volant de sa voiture, qu'il trouve maintenant au-dessus de ses moyens. Il réalise qu'il n'a peut-être pas besoin de tout ce luxe, du moins pas en ce moment où ses finances sont loin d'être reluisantes. Le jour où je serai riche…, se plaît-il à penser.

Il arrive au restaurant le premier et à l'entrée, on lui demande s'il a une réservation. Il dit qu'il y en a peut-être une au nom d'Eugène Tassé, et la jeune femme réagit avec un large sourire au nom de l'homme d'affaires. Oui, il y a bien une réservation et elle le guide vers une table un peu en retrait. De jolies plantes décorent l'endroit avec élégance. La table est en bois solide et la chaise est très confortable. En attendant, Robert sort un petit calepin orange et griffonne des idées visant à réduire ses dépenses.

Soudain, il voit Eugène Tassé arriver d'un pas alerte qui le fait paraître 20 ans de moins. Il est toujours surpris de voir cet homme de plus de 80 ans dont la vivacité d'esprit, l'énergie et la vitalité font oublier l'âge.

« Bonjour, Robert, comment allez-vous ? »

« Bonjour, M. Tassé. Je vais très bien, et vous ? »

« Très bien aussi ! »

Robert ne peut s'imaginer Eugène Tassé allant autrement que très bien. Sa façon positive d'aborder les choses et de remplacer les problèmes par des solutions le fascine.

Après qu'ils eurent choisi leur repas sur le menu, Eugène Tassé lui demande de but en blanc :

« Alors, comment votre femme réagit-elle aux changements que vous voulez apporter à votre vie ? »

Robert ne s'attendait pas à cette question, car jamais l'homme d'affaires n'a abordé une question aussi personnelle depuis leur première rencontre.

« Euh… Nous avons eu une bonne discussion et pour la première fois, nous avons tenté de voir comment nous pourrions marcher dans la même direction au point de vue financier. Je dois dire que j'ai été surpris de son ouverture sur le sujet. »

« Vous savez, Robert, l'un des grands problèmes au sein du couple, ce sont les tiraillements d'ordre financier. Les statistiques le prouvent clairement : les divorces sont causés dans 50 pour cent des cas par des disputes au sujet des finances. »

« Notre problème à tous les deux, c'est que nous sommes assez dépensiers. Je dirais toutefois que ma femme a un peu plus les pieds sur terre que moi dans ce domaine… », poursuit Robert en réfléchissant tout haut.

Eugène Tassé le regarde intensément et après une pause, il dit :

« Je vais vous faire une confidence… Ma femme et moi avions décidé avant notre mariage comment les finances allaient être gérées dans notre couple. Cela n'a pas été facile, car nous avions des idées opposées sur le sujet et des habitudes de consommation bien différentes. Je me souviens encore du petit lit que nous avons acheté pour notre premier-né. Ma femme voulait un beau lit tout neuf pour faire comme ses sœurs. De mon côté, j'en avais trouvé un usagé, mais bien propre, pour un très bon prix. Nous avons eu une argumentation assez vive sur le sujet. Je soutenais que l'enfant serait tout aussi bien couché dans le lit usagé que dans la couchette neuve et que ça n'était certes pas lui qui verrait la différence. Ma femme voyait les choses autrement, mais c'est bien sûr au regard des autres qu'elle était sensible. Nous le sommes tous en général, n'est-ce pas ? "Que vont-ils penser de nous ?" »

« Je vous raconte cela pour vous dire que même si au départ, nous nous étions entendus sur la façon de gérer les finances, nous avons eu en cours de route de nombreuses divergences lorsque venait le temps de faire des achats. »

Robert le regarde bouche bée, ému de la vulnérabilité dont fait montre l'homme d'affaires en lui faisant cette confidence.

Eugène Tassé poursuit :

« L'important était de ne pas nous éloigner de nos objectifs ; et en peu de temps, comme vous le savez, notre avenir financier était assuré au point que par la suite, nous ne nous sommes jamais privés de rien. Tout est là. C'est au début que l'on construit, après les choses travaillent par elles-mêmes », dit-il en se frottant les mains de plaisir.

« Robert, aujourd'hui nous allons voir les premières lois de la richesse. Êtes-vous prêt à apprendre comment devenir riche ? »

À ces mots, Robert se sent ragaillardi. Il est très présent car il ne veut pas perdre un seul mot.

« La première loi est celle de l'épargne. Je vous ai parlé il y a quelques jours du budget et de l'épargne, qui peut être plus ou moins considérable selon vos dispositions à acquérir la richesse le plus tôt possible ou moins rapidement. C'est votre choix. Mais que vous optiez pour un budget sévère (30 pour cent d'épargne), modéré (20 pour cent) ou léger (10 pour cent), il est primordial de suivre une règle de base : l'argent épargné ne doit jamais être dépensé pour autre chose », articule lentement Eugène Tassé.

« Supposons que vous choisissez d'épargner 10 pour cent de vos revenus, ce qui est d'ailleurs le minimum que toute personne devrait mettre de côté, ces 10 pour cent doivent s'accumuler dans votre compte d'épargne et ne jamais être utilisés, par exemple, pour acheter une voiture ou remplacer la laveuse qui vient de briser. Il s'agit du début de votre fortune. Donc peu importe ce qui arrive, ces 10 pour cent d'épargne doivent être déposés dans votre compte et y rester. »

« Mais qu'arrive-t-il si j'ai un problème urgent, justement la laveuse qui brise comme dans votre exemple ? »

« Il faut trouver une autre solution. Si vous prenez l'habitude de toucher à cet argent, vous pouvez être sûr que vous le ferez encore et encore. Dans ces conditions, jamais vous ne réussirez à mettre de l'argent de côté. Comprenez-vous bien l'enjeu ? »

« Oui, je crois bien. »

« De toute façon, vous vous habituerez à ne plus voir le montant épargné comme un revenu que vous pouvez dépenser. Mais surtout, vous aurez du plaisir à voir croître votre épargne. Et avec le temps, votre argent générera plus d'argent, comme une roue qui tourne.

« Le plus difficile est toujours d'épargner les mille premiers dollars. Une fois que c'est fait, le cycle d'enrichissement s'enclenche toutefois. Ces mille premiers dollars ont aussi un autre effet que je qualifie de psychologique. C'est comme si l'intention que vous avez de devenir riche ou de vivre une vie exempte de dettes venait de recevoir un coup d'adrénaline. Vous ne voulez plus dépenser ces 10 pour cent de votre revenu que vous avez mis de côté, car vous venez de comprendre la liberté d'esprit que l'on ressent lorsqu'on remplace le cycle de l'endettement pour celui de la richesse. »

Robert, en regardant au-delà des murs du restaurant, rêve déjà à ces premiers dollars épargnés. Il voit que cela est possible.

« En voyant l'épargne s'accumuler, vous pouvez commencer à vivre avec confiance et assurance au lieu de vivre dans l'insécurité. La culture entrepreneuriale se développe en vous et vous vous ouvrez à toutes sortes de possibilités que la vie vous offre. »

« Pourquoi certains, comme vous par exemple, ont-ils de vraies possibilités qui s'offrent à eux alors que d'autres ne semblent jamais en avoir ? » questionne Robert.

« En fait, ces possibilités sont là pour tout le monde, mais souvent les gens ne les voient pas parce qu'ils ne peuvent pas les voir. Je m'explique. Si vous n'avez pas l'argent nécessaire pour acheter, par exemple, un duplex ou un triplex avantageux, vous ne le regarderez même pas. Même chose si vous voyiez un beau terrain au bord de l'eau qu'une dame âgée veut vendre disons 10 000 dollars alors que vous pourriez le revendre le double ou le triple. L'occasion favorable est là, mais en raison de votre endettement ou de votre manque d'épargne, vous ne pourrez pas en profiter. »

« Mes yeux sont fermés à toute possibilité qui peut se présenter parce que je n'ai pas l'argent qui me permettrait de saisir l'occasion, c'est cela ? » soupire Robert.

« C'est bien cela. Vous vous empêchez vous-même de voir les occasions. C'est le cas de bien des gens qui se plaignent que la vie n'est pas généreuse à leur endroit. Et pourtant, elle l'est. Ils sont en fait les artisans de leur propre malheur.

« Un point à retenir : l'épargne ne doit jamais être inférieure à 10 pour cent du revenu. Elle pourra augmenter si vous le désirez, surtout si vos revenus augmentent. N'oubliez pas que vous devez vous payer en premier, ce qui veut dire que lorsque vous recevez votre rémunération, vous devez immédiatement verser dans votre compte d'épargne ces 10 pour cent ou plus. »

« Bien compris ! » lance Robert.

« Bon. Maintenant, passons à la deuxième loi de la richesse.

« Cette deuxième loi consiste à réserver aux dons un autre montant équivalant à 10 pour cent de votre revenu. Vous connaissez sans doute le dicton qui dit "Donnez et vous recevrez". Il n'y a rien de plus puissant que le don », souligne l'homme avec un doux sourire.

« Mais… comment donner quand on n'a même pas d'argent pour soi-même ? » réplique Robert, penaud, en pensant à son compte de banque si vide qu'il a de la difficulté à payer ses créanciers.

« En fait, vous avez beaucoup, si je ne m'abuse… », réplique l'homme d'affaires.

Robert saisit soudain ce qu'il veut lui dire en pensant à leurs revenus intéressants et à tous les objets qu'ils ont achetés et qui sont d'ailleurs la raison de leurs ennuis financiers.

« Je vois... j'ai beaucoup d'argent, mais je l'ai si mal utilisé que je n'ai plus rien, sinon des dettes », murmure-t-il.

Eugène Tassé acquiesce.

Cette loi inspirée de la Bible veut que 10 pour cent de tous nos revenus soient remis à l'œuvre de Dieu ou, si l'on n'est pas croyant, à un organisme de notre choix. Bref, l'argent doit circuler et le fait d'en donner aux autres permet d'en recevoir toujours plus. Cette loi est si puissante que ceux qui l'appliquent reçoivent plus et donnent toujours davantage. C'est comme une spirale de croissance.

Pour appuyer ses dires, Eugène Tassé récite un passage tiré du livre du prophète Malachie dans la Bible :

« *Apportez à la maison du trésor toutes les dîmes, afin qu'il y ait de la nourriture dans ma maison ; mettez-moi de la sorte à l'épreuve, dit l'Éternel des armées. Et vous verrez si je n'ouvre pas pour vous les écluses des cieux, si je ne répands pas sur vous la bénédiction en abondance.* »

« Les dîmes ?... »

« C'est un mot qui désigne les 10 pour cent. Il y a une promesse rattachée à ce don : celle de la prospérité. Il est bien connu d'ailleurs que ceux qui sont généreux reçoivent encore plus que ce qu'ils donnent, selon la loi du retour. »

« Oui, je me rappelle : donnez et vous recevrez au centuple. »

« C'est cela. Même si vous avez peu à l'heure actuelle, réservez-en une partie pour le don. Il y a une histoire à ce sujet dans l'Évangile. Des riches s'assuraient que tout le monde voie les dons qu'ils faisaient. Or, une pauvre veuve déposa dans le tronc deux menues pièces, ce qui n'était vraiment pas beaucoup, et pourtant ce sont ces pièces que Jésus remarqua, car elle avait donné de son nécessaire tandis que les autres n'avaient donné que de leur superflu. Voilà la grande différence. »

« Il ne s'agit pas de quantité, mais de qualité. Tout est dans le cœur de celui qui donne, n'est-ce pas ? » ajoute Robert en hochant la tête.

« C'est tout à fait juste : c'est la nature de l'intention qui donne de la valeur au don. Si vous donnez pour recevoir en retour, comme on le voit souvent dans le domaine des affaires, ça n'est pas un don, c'est un calcul mathématique ! »

Robert l'a entendue souvent, cette phrase « Il m'en doit bien une ». Il sait exactement de quoi parle l'homme d'affaires. Cette façon de procéder est presque une loi tacite dans le monde des affaires.

« Quand on calcule ce qu'on donne et que l'autre fait de même, il n'y a plus de dons, mais uniquement des services comptabilisés. Le don vient d'un esprit généreux qui n'espère rien en retour. Et c'est seulement dans cet esprit de générosité que l'abondance peut revenir vers nous. Personne ne peut expliquer cette règle de façon logique, mais il s'agit de la plus puissante qui soit. Donnez et vous recevrez ! »

Robert est perplexe et se demande comment cela peut se produire.

« Consacrez 10 pour cent de vos revenus à des dons et cette somme se multipliera au-delà de vos espérances », assure l'homme d'affaires.

Robert admet qu'il pense davantage à s'enrichir qu'à donner. Il se demande par ailleurs comment Michelle va réagir quand il lui dira qu'une partie de leurs revenus doit être donnée à d'autres.

« Allons plus loin, Robert. Cultivez la générosité non seulement dans le domaine des finances, mais dans tous les domaines de votre vie. La générosité est une façon de penser, une façon de voir, une façon de vivre.

« Quand je parle de façon de penser, je veux dire se montrer généreux envers les autres. Je vous donne un exemple. Vous pouvez aussi acheter du chocolat et des fleurs à votre femme et l'emmener au restaurant quand vient la St-Valentin, ou encore planifier un repas et un séjour dans une petite auberge champêtre, vous voyez le genre : grande marche dans les bois, nuitée dans un décor enchanteur... La générosité transparaît dans votre façon de penser et d'agir, dans le fait que vous allez au-delà de la loi du moindre effort. »

Robert se dit qu'il n'est pas très créatif dans ce domaine, achetant toujours à peu près les mêmes choses à Michelle pour son anniversaire. En fait, il ne s'est jamais arrêté pour réfléchir à ce qu'elle aimerait vraiment recevoir.

« La générosité est aussi une façon de voir : recherchez ce qu'il y a de meilleur chez les autres, soyez à l'affût d'une parole, d'une action, et vous serez étonné de réaliser tout le potentiel des gens. Trouvez les qualités des personnes autour de vous et dites-leur que vous les appréciez pour leurs talents, leurs capacités, leur valeur. Il ne s'agit pas de flatter les gens ou de les louer faussement pour leur plaire ; ils ne sont pas dupes. Je parle ici d'authenticité.

« Quand la générosité est une façon de voir, on est plus à l'affût des occasions d'aider et de rendre service. Il y a tellement de gens autour de nous qui ont besoin d'aide mais souvent, on ne veut pas le voir. On détourne rapidement le regard et on fait taire la petite voix intérieure qui nous indiquait un besoin. Une personne qui a un regard généreux cherche qui elle pourrait aider. Elle est à l'affût des circonstances propices non pour elle, mais pour les autres. Elle cherche qui a besoin d'un sourire, d'une parole encourageante, d'un bon café ou d'aide pour terminer un travail, sans rien exiger en retour. »

« Vous ne vous faites jamais avoir à ce jeu de la générosité ? » demande Robert. « Il y a des gens qui ne veulent que cela, exploiter les gens généreux comme vous ! »

« Je ne suis jamais exploité par les gens pour la bonne et simple raison que ce n'est pas eux qui dirigent ma générosité, mais mon cœur. Mon cœur ne peut jamais regretter un don qui est fait avec intégrité. C'est à l'autre de le recevoir avec la même intégrité, car c'est lui qui sera responsable de ce qu'il en fera. Cela n'a rien à voir avec le don lui-même ou avec moi. »

Robert, ébahi, n'avait jamais rien entendu de tel.

« Je vais vous donner un exemple », enchaîne-t-il. « Prenons le cas assez stéréotypé d'un itinérant à qui l'on donne quelques dollars pour qu'il mange et qui s'en sert pour acheter de l'alcool. »

« Je comprends ce que vous dites. Toutefois, si au lieu de donner rapidement un dollar ou deux à l'itinérant qui quête sur le coin de la rue vous preniez le temps de lui parler un peu, vous verriez qu'il a peut-être bien plus besoin d'un bon manteau comme l'un de ceux qui traînent dans le fond de votre garde-robe, ou encore d'une chambre d'hôtel qui lui permettrait de se laver et de passer une bonne nuit de sommeil dans la tranquillité. »

Robert acquiesce tout en réfléchissant.

« La générosité, c'est aussi une façon de vivre. La politesse et la courtoisie envers les autres sont une manière d'exprimer de la générosité. Tout le monde aime être apprécié et valorisé. C'est la règle d'or en affaires, souvenez-vous bien de cela toute votre vie. Les gens font des affaires avec des gens qu'ils connaissent, qu'ils apprécient et en qui ils ont confiance. Pour établir de telles relations de confiance mutuelle, il n'y a rien comme la générosité authentique. Et souvenez-vous toujours qu'on vous mesurera avec la mesure dont vous mesurez.

« Donnez généreusement avec un cœur compatissant et vous recevrez en abondance », articule-t-il doucement.

Robert reconnaît soudain dans les propos de l'homme cette générosité dont il bénéficie lui-même lors de leurs rencontres. Il voit dans ses yeux pétillants cette ferveur de la générosité.

« Tout ce que vous voulez que les hommes fassent pour vous, faites-le aussi pour eux. La formule est simple et si puissante, Robert, que vous en serez étonné. Les gens veulent du respect ; donnez-leur du respect et ils vous en donneront en retour. »

Robert renchérit : « Les gens veulent être appréciés ; appréciez-les et ils vous apprécieront en retour. »

« C'est tout à fait cela. »

Les deux hommes se regardent et Robert ressent une vive émotion, comme s'il venait de saisir le véritable sens du mot « généreux ».

« C'est la générosité de l'âme qui compte », laisse-t-il tomber dans un murmure.

Après quelques instants, Eugène Tassé rompt le silence : « Nous sommes jeudi. Je vais vous demander de mettre immédiatement en application les deux premières lois d'ici notre rendez-vous de mardi prochain. Vous devrez donc mettre de l'argent de côté et faire preuve d'une générosité sincère. »

Robert pousse un soupir en se demandant bien comment il parviendra à respecter la condition primordiale qui est de METTRE EN PRATIQUE ce qu'Eugène Tassé lui enseigne.

« La semaine prochaine, nous verrons le secret rattaché aux autres lois de la richesse. »

Ils se lèvent tous deux et Robert serre la main de son mentor. C'est vraiment ainsi qu'il le voit maintenant. Il aime la compagnie de cet homme confiant qui sait très bien qui il est et où il s'en va mais qui n'en dégage pas moins une grande humilité et beaucoup de chaleur humaine.

Décidément, son aventure avec Eugène Tassé l'amène bien plus loin qu'il s'y attendait !

✦✦✦✦✦✦✦

« Des actes généreux ont cette capacité unique
de nous élever à un niveau supérieur où nous
sommes plus humains, où nous devenons
davantage la personne que nous voulons
vraiment être. »

— Dave Toycen

✦✦✦✦✦✦✦

« Un effort complet entraîne
une victoire complète. »

— Mahatma Gandhi

✦✦✦✦✦✦✦

« C'est avec ce que l'on reçoit qu'on gagne sa vie,
mais c'est avec ce que l'on donne qu'on la crée. »

— Norman MacEwan

✦✦✦✦✦✦✦

9

La prise de contrôle

« Subir la défaite est souvent une condition temporaire. C'est renoncer qui rend la chose permanente. »

— Marilyn vos Savant

« Bonjour, Robert. »

« Bonjour, M. Tassé. »

« Êtes-vous prêt ? »

« Tout à fait ! »

« Comment avez-vous rempli la condition cette fois ? »

« Assez difficilement, mais Michelle et moi avons passé en revue toutes nos dépenses et avons décidé, après mûre réflexion, de nous défaire de l'une de nos voitures. Michelle a demandé à modifier ses heures de travail et cela a été accepté malgré ses appréhensions. Vous savez, au gouvernement, ils ont des politiques de flexibilité des horaires. Cette dépense en moins va faire une grande différence dans notre budget. »

« C'est bien. Passons maintenant à la suite…

« La troisième loi de la richesse porte sur la maîtrise de vos dépenses. Il s'agit ni plus ni moins de mettre le mors à votre cheval rétif, celui qui veut dépenser encore et toujours. Mais il faut être toujours sur ses gardes, car il arrive que la tentation soit si grande que le cheval prend le mors aux dents et qu'il vous devient impossible de le diriger ! »

Robert rit en imaginant la scène. En fait, il commence à rire de lui-même et cela lui fait du bien.

« Pour prévenir cette perte de contrôle, il existe des moyens qu'il s'agit de mettre en pratique, comme attendre 48 heures avant d'acheter, qu'il s'agisse d'un CD de votre chanteur préféré ou d'un vêtement pour votre garde-robe déjà bien garnie. Le fait d'attendre nous amène en général à constater que le désir se manifeste uniquement parce que son objet est sous nos yeux. Attendez 48 heures et vous allez vous rendre compte très souvent que votre désir s'est estompé. »

Robert est tout à fait d'accord. « Vous savez, je dirais même plus. Je possède des choses à la maison que je n'utilise presque pas alors qu'au moment où je les ai achetées, il me semblait que je ne pouvais vraiment pas m'en passer. Mais dès que je les ai eues en ma possession, le désir et même le besoin se sont atténués. »

« Belle remarque, Robert ! »

« Un autre moyen pour freiner vos appétits de consommation est de vous poser en tout temps la question "En ai-je vraiment besoin ?" Cette question a un effet aussi tranchant qu'une épée. Elle permet de faire rapidement la part des choses et de distinguer vos besoins réels des désirs momentanés. »

« Et c'est lorsqu'on cède à ces désirs éphémères que nos poches se vident ! » s'exclame Robert qui est franchement de bonne humeur. Il savoure chaque parole de l'homme d'affaires, apprenant l'ABC de la vie et de l'abondance. Il sait qu'il est sur la bonne voie et que rien ne l'en détournera cette fois.

« Une autre chose que vous pouvez faire est de vous demander si cet achat vous rapproche de votre objectif de richesse. Si la réponse est non, vous verrez que votre envie d'acheter s'estompera bien rapidement. »

« Vous croyez ? » demande Robert avec un désir sincère d'y croire.

« Entretenez votre rêve et les objectifs que vous vous êtes fixés. Pensez-y régulièrement pour qu'ils deviennent plus forts que vos désirs spontanés de dépenser. »

« Oui, je me rappelle ce que vous avez dit : faire grandir l'intention la plus importante au détriment des autres. »

« Vous avez une bonne mémoire, Robert ! »

« Mais comment faire pour y arriver ? »

« Inscrivez vos objectifs sur une feuille et regardez-les régulièrement. Répétez-les au moins dix fois par jour pour qu'ils s'impriment dans votre subconscient. »

« Excellente idée ! »

« Passons maintenant à la quatrième loi, qui consiste à faire fructifier votre avoir, votre épargne ; en d'autres mots, faire travailler l'argent à votre avantage. »

« J'ai bien hâte de savoir comment on fait cela ! » dit Robert qui attend ces "tuyaux" depuis le début de ses rencontres avec l'homme d'affaires.

« L'argent que vous gagnez est à vous et doit servir à accroître votre richesse. Il faut le faire fructifier, l'investir. Prenons au départ les premiers 10 pour cent mis de côté, que vous placez dans un compte d'épargne pour en retirer des intérêts.

« La richesse est comme une graine que l'on fait germer. Plus vite vous la mettez en terre, plus vite elle pousse et vous rapporte des fruits. Le temps joue ici en votre faveur. Plus tôt vous commencez à investir, plus tôt vous verrez vos avoirs se multiplier. Cependant, les nouveaux revenus générés par cet investissement doivent être réinvestis à leur tour pour créer des revenus à intérêts composés. Ils ne doivent surtout pas être dépensés. »

« Qu'est-ce que cela veut dire? » l'interrompt Robert.

« Cela veut dire que lorsqu'un montant d'intérêt vous sera dû, il s'additionnera à votre capital et l'intérêt sera calculé sur votre nouveau capital. Voici un exemple bien simple. Si on investit un montant de 50 $ par mois à un taux de rendement annuel de 8 %, cela donne 9 208 $ dans 10 ans, 26 647 $ dans 20 ans, 75 015 $ dans 30 ans et 175 714 $ dans 40 ans. »

« Wow ! s'exclame Robert. C'est beaucoup d'argent ! »

« L'argent investi continue simplement à produire de l'intérêt, qui est investi à son tour. Cela crée un cycle d'enrichissement. Au lieu de s'endetter et de croupir sous les dettes dans une spirale qui nous entraîne toujours plus bas, c'est maintenant l'inverse qui se produit, c'est-à-dire l'ascension vers le haut. »

« Cela me plaît beaucoup. J'ai l'impression que je reprends le contrôle de mon cheval rétif », s'écrie Robert.

Ses yeux croisent ceux de l'homme d'affaires et pendant quelques instants, il voit qu'Eugène Tassé est fier de lui et de la prise de conscience qu'il est en train de faire.

« La richesse d'une personne n'est pas nécessairement dans son portefeuille, mais dans le revenu qu'elle a bâti et qui lui revient comme une rivière qui coule continuellement et lui apporte toujours plus de revenus. Il s'agit en fait d'un revenu récurrent qui continue à fructifier peu importe où vous êtes.

« Il y a des gens qui ont peur de faire de l'argent, comme si c'était mal. Demandez à quelques personnes ce qu'elles pensent des gens riches et vous entendrez des stéréotypes comme "les riches sont égoïstes", "s'ils sont riches, c'est parce qu'ils ont été malhonnêtes", "ils se sont enrichis aux dépens des autres" ou "les riches détruisent la planète par leur consommation à outrance". Mais je le répète, être riche ou bien gérer son argent est même une requête de Dieu. »

Robert sursaute à ces propos.

« Pardon ? Je ne comprends pas. Que vient faire Dieu là-dedans ? »

« Souvent, les gens croient que c'est mal d'être riche ou de faire de l'argent. Ils croient que l'argent est la racine du mal. Or, il n'y a rien de plus faux. C'est l'amour de l'argent ou sa mauvaise gestion qui est à l'origine de bien des maux, et non l'argent lui-même. Je ne le répéterai jamais assez. À ce propos, j'aime bien l'histoire qu'il y a dans l'Évangile de Matthieu, au chapitre 25 :

« Il en sera comme d'un homme qui, partant pour un voyage, appela ses serviteurs et leur remit ses biens. Il donna cinq talents à l'un, deux à l'autre, et un au troisième, à chacun selon sa capacité, et il partit.

Aussitôt, celui qui avait reçu les cinq talents s'en alla, les fit valoir et il gagna cinq autres talents. De même, celui qui avait reçu les deux talents en gagna deux autres. Celui qui n'en avait reçu qu'un alla faire un creux dans la terre et cacha l'argent de son maître.

Longtemps après, le maître revint, et leur fit rendre compte.

Celui qui avait reçu les cinq talents s'approcha, en apportant cinq autres, et il dit : "Seigneur, tu m'as remis cinq talents ; voici, j'en ai gagné cinq autres." Son maître lui dit : "C'est bien, bon et fidèle serviteur ; tu as été fidèle en peu de chose, je te confierai beaucoup ; entre dans la joie de ton maître."

Celui qui avait reçu les deux talents s'approcha aussi, et il dit : "Seigneur, tu m'as remis deux talents ; voici, j'en ai gagné deux autres." Son maître lui dit : "C'est bien, bon et fidèle serviteur ; tu as été fidèle en peu de chose, je te confierai beaucoup ; entre dans la joie de ton maître."

Celui qui n'avait reçu qu'un talent s'approcha ensuite et il dit : "Seigneur, je savais que tu es un homme dur, qui moissonnes où tu n'as pas semé et qui amasses où tu n'as pas vanné ; j'ai eu peur, et je suis allé cacher ton talent dans la terre ; voici, prends ce qui est à toi."

Son maître lui répondit : "Serviteur méchant et paresseux, tu savais que je moissonne où je n'ai pas semé et que j'amasse où je n'ai pas vanné ; il te fallait donc remettre mon argent aux banquiers et, à mon retour, j'aurais retiré ce qui est à moi avec un intérêt."

"Ôtez-lui donc le talent et donnez-le à celui qui a les dix talents. Car on donnera à celui qui a, et il sera dans l'abondance, mais à celui qui n'a pas on ôtera même ce qu'il a. Et le serviteur inutile, jetez-le dans les ténèbres du dehors, où il y aura des pleurs et des grincements de dents." »

« C'est intéressant de constater qu'il y avait des banques il y a plus de 2000 ans », s'exclame l'homme d'affaires en riant.

« J'ai toujours pensé que ce passage faisait référence à des talents au sens d'aptitudes, de dons », réagit Robert.

« Non, on parle bien d'argent et de banque. Le maître dit au serviteur qu'il aurait pu retirer des intérêts de son argent s'il l'avait placé à la banque. Le fond de l'histoire porte sur l'argent et le fait que l'on doit faire fructifier tout ce que l'on a pour le bien commun, comme un bon intendant.

« Dieu nous donne et il veut que nous fassions fructifier ce que nous avons. Or, la majorité des gens gèrent si mal leur argent qu'ils créent leur propre malheur.

« J'aime beaucoup cette parabole des talents, parce qu'elle montre qu'il est bon de faire fructifier l'argent. Les deux premiers serviteurs sont considérés comme bons. C'est celui qui n'a pas fait fructifier l'argent qui est qualifié de mauvais serviteur. Pourquoi n'a-t-il pas fait comme les autres ? Qu'est-ce qui l'a empêché de revenir devant le maître plus riche ? C'est malheureusement la peur. Il n'y a pas plus mauvaise conseillère que la peur. »

« Mais ne faut-il pas avoir peur parfois ? »

« Non, la peur est la pire des conseillères. Elle vous entraîne vers la panique et la paralysie. Il faut la remplacer par une saine observation et une bonne analyse des mesures que l'on doit prendre, ou encore il faut demander des conseils judicieux, soupeser les avantages et les désavantages, acquérir les connaissances qui nous manquent. La peur est loin d'aider, elle empêche de penser correctement. »

« Comment l'éliminer, dans ce cas ? »

« En se renseignant. En ayant confiance en soi et en n'étant pas attaché à l'argent. Il y a toujours des situations où vous gagnez de l'argent et il y en a d'autres où vous en perdez. Regardez ce qui s'est produit avec la crise économique en 2008-2009. Il y a certaines entreprises qui ont eu plus de difficultés que d'autres. Elles ont dû innover et chercher des solutions et non paniquer devant la situation. »

Après avoir regardé au loin pendant quelques instants, Eugène Tassé poursuit :

« Je me rappelle certaines années qui ont été cruciales pour moi. À l'âge de 30 ans, je possédais déjà quatre propriétés et tout s'annonçait bien. Je me suis alors engagé dans la construction d'un centre commercial au coin des boulevards Mont-Bleu et St-Joseph, dans le secteur Hull de Gatineau. Le secteur commençait à se développer et il y avait un besoin de centre commercial dans cette partie de la ville. J'ai donc acheté une grande parcelle de terrain et entrepris la construction.

« Mais voilà que les mauvaises nouvelles ont commencé. Le premier revers était lié au terrain, qui n'était pas de qualité ; il fallait creuser de plus en plus et installer une fondation à plus de cinq mètres de profondeur. Les coûts étaient donc bien plus élevés que ce qui avait été prévu au départ. Deuxième mauvaise nouvelle, du moins pour moi, le gouvernement a annoncé son intention de construire une autoroute nord-sud, ce qui est aujourd'hui l'autoroute 5, et il a exproprié une grande partie du terrain que j'avais acquis. Cela a détruit complètement mon projet de grand centre commercial à cet endroit. »

Robert écoute et se demande s'il aurait abandonné.

« Comble de malchance, les travaux de construction de l'autoroute ont duré plus d'un an et demi et le magasin que j'ai finalement construit se trouvait enseveli dans le chantier de construction de l'autoroute, qui était juste à côté. En raison des travaux, l'eau, le gaz et l'électricité étaient régulièrement coupés. C'est assez difficile, vous en conviendrez, de garder un commerce ouvert dans de telles conditions. Il n'y avait même pas d'entrée pour y accéder, car la rue était au cœur même des travaux d'aménagement des voies d'accès de l'autoroute. Imaginez que vous avez un commerce mais que les gens ne peuvent y accéder parce qu'il n'y a pas d'entrée... Comment survivre dans de telles conditions si ce n'est avec difficulté ? »

« Effectivement, c'est assez difficile ! »

« Un voisin a toutefois permis que les clients accèdent au magasin en passant par son propre terrain sur la rue Mutchmore qui se trouvait derrière, mais encore fallait-il le savoir ! Les clients ne savaient pas nécessairement par où passer et le résultat a été désastreux : le chiffre d'affaires est descendu jusqu'à la moitié du seuil de rentabilité. Le magasin, loin de faire des profits, mangeait littéralement les économies et les profits des autres commerces et propriétés que je possédais. Les affaires allaient plutôt mal. J'aurais pu gémir et pester contre les circonstances… »

« Qu'avez-vous fait ? »

« J'ai comprimé les dépenses le plus possible, j'ai mis mon gérant à pied temporairement, j'ai réduit le personnel au minimum et j'ai remis mon tablier pour travailler de longues heures. C'était à l'époque mon plus gros magasin. Les espoirs du début étaient loin de se matérialiser, bien au contraire. Les heures étaient longues et stressantes. Mais mon intention de réussir était si forte que j'ai travaillé et tenu le coup sans jamais être en retard dans mes paiements. Les travaux ont fini par prendre fin et aujourd'hui, cet édifice commercial existe toujours », conclut-il.

Robert est fasciné. « Je vois, c'est encore une question de coûts et d'avantages. »

« C'est tout à fait cela. Le coût a été élevé en termes de stress et de travail, car je ne voulais pas perdre le magasin. Mais une fois la période difficile passée, j'ai récolté les avantages.

« Ne pensez pas que les deux premiers serviteurs de l'histoire biblique n'ont pas travaillé dur pour doubler le capital de leur maître. Ils l'ont fait. À la différence, le troisième a eu peur et a préféré enterrer son argent pour ne pas le perdre.

« La peur tue toutes les forces vives qui sont en vous. »

« Elle ne fait rien disparaître et *ne nous met pas à l'abri du danger,* n'est-ce pas ? » précise Robert.

« Bien dit. La peur ne change pas les circonstances. Pire, elle tue en vous le désir d'entreprendre quoi que ce soit. Vous avez peur ? Peur de quoi ? De l'échec ? De ce que les autres vont penser ?

Bien des gens ne savent même pas de quoi ils ont peur. La peur les tenaille et les empêche d'agir, c'est tout !

« L'une des grandes clés du succès, c'est de regarder du côté des solutions et de ne pas fixer son attention sur les problèmes. Cela ne veut pas dire que les problèmes n'existent pas, mais le fait de ne pas se concentrer sur eux change toute la perspective. On se sent beaucoup plus fort. La peur gruge notre énergie et nous rend la plupart du temps inefficaces.

« Chercher des solutions donne du contrôle », réitère l'homme d'affaires.

« Encore une fois, c'est votre intention qui va vous aider. Vos actions ne doivent jamais dépendre des circonstances. Celles-ci vont simplement nous amener à prendre des chemins différents et à trouver d'autres solutions, mais elles ne doivent jamais vous arrêter dans votre course. La personne dont l'intention est forte et claire ne pose jamais de conditions à son engagement. Elle va au fond des choses et c'est ce qui fait qu'elle gagne. »

« Remplacer la peur par le courage et l'audace ! » lance Robert.

« J'aime bien votre idée d'audace, cela va encore plus loin. »

« L'audace, pour moi, c'est pousser encore plus loin. C'est oser ! »

« Je suis tout à fait d'accord avec vous, Robert. Cette qualité prédispose aux actions extraordinaires malgré les obstacles et même les dangers dans certains cas. Il fallait de l'audace de la part d'Abraham Lincoln pour abolir l'esclavage aux États-Unis, tout comme à Nelson Mandela pour s'opposer à l'apartheid en Afrique du Sud. C'est pourquoi il est si important de développer la confiance en soi, car elle donne de l'audace. C'est pareil pour tout le monde. »

« Comment avoir confiance en moi dans un domaine comme celui des finances, où j'ai eu tant de problèmes ? »

« Un des plus grands obstacles à la culture entrepreneuriale, j'y reviens, c'est la peur. La grande majorité des gens passent la moitié de leur vie à avoir peur de l'autre moitié. Beaucoup craignent d'investir en affaires de peur de perdre de l'argent, mais ils en perdent tout de même beaucoup à cause de mauvaises décisions comme celle de payer des intérêts élevés sur leurs produits de consommation. Et la plus grande peur est sans doute celle qui nous habite, c'est-à-dire le manque de confiance. J'ajouterais à cela l'obstacle lié au sentiment de culpabilité. Ce sentiment qui paralyse doit être remplacé par l'idée d'expérience et d'apprentissage. Nos expériences passées d'échec deviennent des apprentissages qui nous guident dans le futur.

« Et au bout du compte c'est simple, Robert, car il suffit d'appliquer les lois de la richesse. Nous n'avons d'ailleurs pas terminé sur ce point. Continuons si vous le voulez bien. »

« Bien sûr. »

« Revenons au fait que l'argent épargné doit servir à être fructifié. »

« L'auteur Robert Kiyosaki, dans son livre *Père riche, père pauvre*, décrit bien comment l'argent circule, comment il s'acquiert et s'envole de nos poches, mais surtout comment le faire fructifier. Je vous invite à le lire. Il explique dans son livre la situation dans laquelle se trouvent en général les familles pauvres : leurs revenus sont directement utilisés pour payer les dépenses courantes comme la nourriture, le loyer et les biens essentiels. Tout l'argent qui entre dans le ménage en sort aussi rapidement.

« Pour ce qui est des gens de la classe moyenne ou des gens un peu plus riches, ils ont de plus gros revenus et cela les amène à consommer davantage et à contracter des dettes, ce qu'on appelle du passif (automobile, mobilier, maison, chalet, etc.). Les revenus servent largement à payer les nouvelles dettes et, bien sûr, les besoins essentiels à la vie courante. Finalement, l'argent durement gagné finit par sortir de leurs poches.

« La personne riche pense très différemment. Elle sait que les dépenses qui font sortir l'argent de ses poches ne la conduiront jamais sur le chemin de la richesse. Les dépenses que fait la personne riche servent à investir son épargne dans des actifs et non dans des passifs. Ces actifs vont créer de nouveaux revenus, lesquels viendront augmenter les revenus initiaux et seront investis encore une fois dans des actifs, selon un cycle sans fin d'enrichissement. Je vous donne un exemple : vous achetez un triplex et les loyers perçus, disons 2 000 $ par mois, dépassent le coût de votre hypothèque mensuelle de 1 200 $. Cela représente donc un revenu supplémentaire de 800 $ par mois. Au bout de l'année, vous avez 9 600 dollars de plus et au bout de deux ans, c'est 19 200 dollars que vous possédez. Avec cette somme, vous achetez un deuxième logement locatif, et ainsi de suite. »

Robert pense aux trois scénarios et comprend où se trouve son avantage. Vu de cette manière, c'est d'une telle évidence !

Eugène Tassé le laisse réfléchir.

« Pourquoi de tels principes ne sont-ils pas enseignés ? Pourquoi doit-on faire tant d'erreurs et subir tant de souffrance avant de comprendre comment fonctionnent les finances ? » déplore Robert.

« Vous avez tout à fait raison. Cela me désole beaucoup de voir autant de gens esclaves de l'argent, obligés d'aller travailler non pour le plaisir, mais pour pouvoir payer les factures qui s'empilent. Toutes ces peines pourraient être évitées. »

« J'ai suivi tellement de cours dont j'ai complètement oublié le contenu… Apprendre comment m'enrichir m'aurait été beaucoup plus profitable », ajoute Robert.

« Très juste. Le niveau d'endettement est évidemment un choix personnel, c'est pourquoi il est si important de sensibiliser les gens aux risques élevés liés à l'accroissement des dettes. J'ai donc contacté les deux principales universités francophones de la région pour que l'on y offre des cours et même un concours sur la culture entrepreneuriale.

« À l'Université du Québec en Outaouais, on donne maintenant un cours sur la gestion des finances personnelles. On y aborde le plan de vie, le budget, les principes de base de la consommation, comme l'achat d'une maison ou d'une voiture, ainsi que les mécanismes de planification de la retraite et la connaissance des taxes et des impôts.

« À l'Université d'Ottawa, il y a un concours qui permet à des jeunes de planifier un projet, et les trois meilleures ébauches méritent à leurs auteurs des bourses en argent », explique Eugène Tassé.

« J'ai en outre créé une table de concertation sur les finances, et la directrice du centre Carrefour Jeunesse Emploi a décidé de mettre sur pied *L'École de l'argent*, un cours qui permet aux jeunes d'approfondir leurs connaissances des questions financières. Je vous en reparlerai. »

« La connaissance des finances et la voie de la prospérité doivent être enseignées car elles sont une grande partie de notre vie et nous sommes analphabètes dans ce domaine. Nous pourrons continuer sur le sujet lors de notre prochain rendez-vous. »

« C'est bien. Merci encore pour tout, M. Tassé. »

« Bienvenue, Robert. »

✦✦✦✦✦✦✦

« Ne crains pas que ta vie prenne fin un jour,
mais plutôt qu'elle n'ait jamais commencé. »
— Cardinal Newman

✦✦✦✦✦✦✦

« Vous devenez ce à quoi vous pensez
tout au long de la journée. »
— Earl Nightingale

✦✦✦✦✦✦✦

« Développer sa force de caractère,
c'est comme développer sa force physique.
Quand vient l'épreuve, si elle n'est pas là,
rien de peut masquer son absence. »
— Stephen R. Covey

✦✦✦✦✦✦✦

10

Je demande la sagesse

« Rien ne peut arrêter l'homme qui a une bonne
attitude mentale d'atteindre son objectif ;
absolument rien sur terre ne peut aider celui
qui a une mauvaise attitude mentale. »
— Thomas Jefferson

Le téléphone sonne. Robert décroche.

« Bonjour Robert. Je vous invite dans un restaurant situé dans un de mes centres commerciaux, où j'ai d'ailleurs mes bureaux.

« C'est bon », répond Robert en écrivant l'adresse.

Robert arrive à l'endroit. Dans l'arrière-salle du restaurant, il y a une longue table où peuvent s'asseoir de huit à dix personnes. Ce jour-là, seuls M. Tassé et Robert y sont assis.

« Nous en sommes à notre cinquième loi aujourd'hui », commence l'homme en tendant le menu à Robert, car il le connaît par cœur.

« Quelle est-elle ? » demande Robert.

« Il s'agit d'apprendre à vivre sous le seuil des revenus qui nous restent.

« Récapitulons. Une fois que 10 pour cent de nos revenus ont été donnés à l'Église ou à un organisme de charité et que 10 pour cent ont été placés en vue de l'épargne, il en reste 80 pour cent. C'est le montant avec lequel nous devons apprendre à vivre. Le cas échéant, les dettes vont accaparer un autre 10 à 20 pour cent. »

Robert sait fort bien que ce « cas échéant » s'applique à lui.

« Toutefois, il ne s'agit pas de vivre avec la totalité des 80 ou des 70, ou 60 pour cent, selon le cas. En fait, il faut vivre avec un montant inférieur au pourcentage qui s'applique à nous. Pourquoi ? Pour avoir des économies courantes et être capable de réagir aux imprévus, que ce soit un bris du réfrigérateur ou de la voiture ou toute autre dépense inattendue. Si vous utilisez entièrement les 60 à 80 pour cent de revenus qui vous restent, vous vous placez dans une situation précaire, car les dépenses imprévues vous forceront à piger dans vos épargnes, ce qui est à éviter.

« Il faut revoir constamment vos dépenses afin de vérifier leur pertinence et leur nécessité. Un de mes amis se pose toujours cette question avant d'acheter un quelconque logiciel ou appareil pour son travail : est-ce que je vais en récupérer le coût grâce aux contrats obtenus ? Si la réponse est non, cela signifie que l'achat envisagé n'est pas rentable. »

« C'est toute une discipline à mettre en place », fait remarquer Robert.

« Tout est dans l'habitude. Il faut que cela devienne une seconde nature. L'habitude vient lorsqu'on s'entraîne quotidiennement à faire la même chose. Voici une anecdote qui me fait toujours sourire : une admiratrice d'un certain âge du légendaire violoniste Isaac Stern vint à sa rencontre à la fin d'un concert et lui dit : "Je donnerais ma vie pour jouer comme vous le faites !" et Stern lui répliqua : "Ma chère dame, c'est ce que j'ai fait !"

« Le principe est le même, qu'il soit question de don, d'épargne ou du fait de vivre sous le seuil de ses revenus. On ne peut pas dire "ce n'est pas grave de dépenser aujourd'hui, car demain je ne le ferai pas et je me rattraperai", car c'est l'habitude bien ancrée qui nous permet de résister, par exemple, aux achats impulsifs. »

« Mais est-ce possible pour ceux dont les revenus sont très bas et suffisent à peine à couvrir les dépenses obligatoires ? » demande Robert.

« Regardez autour de vous, Robert. Il y a une foule de gens qui ont de la difficulté à arriver et pourtant, tous n'ont pas les mêmes revenus. Bizarrement, les dépenses dites essentielles ont tendance à augmenter en proportion des revenus. Qui n'a jamais éprouvé, lors d'une augmentation de salaire, ce sentiment de joie à la pensée que la vie serait plus facile, pour constater au bout de quelque temps que les fins de mois sont toujours aussi difficiles ? Qui ne s'est pas dit en voyant un paiement se terminer qu'il pourrait souffler un peu mieux, pour réaliser peu de temps après qu'il n'a pas plus d'argent dans les poches parce qu'il vient de faire un autre achat à crédit ?

« Vivre en n'utilisant pas la totalité de ses revenus est un exercice de discipline. Rappelez-vous en tout temps l'objectif que vous vous êtes fixé, et n'oubliez surtout pas que lorsque vos dettes seront remboursées, vous vous sentirez beaucoup plus libre. »

Robert n'en doute pas une seconde.

« Voulez-vous connaître maintenant la sixième loi de la richesse ? »

« Certainement », répond Robert, très attentif.

« La sixième loi consiste à protéger votre épargne contre la perte ou contre la dévaluation.

« J'ai érigé ma fortune dans les domaines de l'alimentation et de l'immobilier. Il est important que je m'assure que mes propriétés sont bien entretenues. La raison est bien évidente : les propriétés mal entretenues perdent de la valeur ; en les conservant bien, on permet à leur valeur de s'accroître sur le marché.

« Il m'est arrivé d'acquérir en même temps qu'un autre acheteur une propriété voisine de celui-ci et de voir la différence entre les deux après quelques années à peine : mon immeuble était très bien entretenu alors que celui de mon voisin était tout détérioré.

« J'ai mis en place dans mes bâtiments un code de propreté qui doit être suivi par les concierges aussi bien que par les locataires. Les poubelles sont toujours bien rangées à l'arrière et ne doivent jamais se retrouver sur les balcons. Ces derniers ne sont d'ailleurs pas des endroits de rangement pour le linge à sécher, les boîtes, etc. Grâce à ces règlements, les appartements sont propres et les immeubles paraissent bien, et cela attire naturellement des locataires qui cherchent des logis propres. En même temps, cela fait fuir ceux qui n'aiment pas les règlements. Résultat : j'ai des locataires plus soucieux de leur environnement, plus attentifs à la propreté et qui en général gardent leur appartement en très bonne condition. Si vous ne vous occupez pas de l'entretien de votre maison, elle perd de la valeur. Si au contraire vous en prenez soin, sa valeur augmente, car l'immobilier prend toujours de la valeur avec le temps. »

« C'est une des raisons pour lesquelles nous avons acheté une maison », commente Robert.

« Je comprends votre intention. Nous y reviendrons un peu plus tard quand je vous parlerai de la septième loi de la richesse.

« Donc, si vous investissez votre argent, assurez-vous de la sécurité de vos placements. Pour cela, consultez des gens qui connaissent bien le domaine. Il y a toujours des personnes avisées qui sont prêtes à partager leur expérience dans tous les secteurs d'investissement possibles.

« Pour terminer, deux conseils précieux : le premier, c'est de prendre le temps de bien analyser la situation ; le deuxième, c'est de vous associer avec des gens qui ont une bonne réputation, si vous devez le faire. »

« Voulez-vous dire qu'il vaut mieux éviter de s'associer à d'autres personnes ? » demande Robert.

« Non, ce n'est pas ce que je veux dire. Pour mes marchés d'alimentation, je voulais être le seul maître à bord ; rappelez-vous que si vous êtes seul, il est beaucoup plus facile de gérer votre barque. Pas besoin d'argumenter sur chaque décision à prendre. Toutefois, pour mes investissements dans des projets humanitaires à l'étranger, je me suis associé avec un organisme du nom de SOPAR, qui possède l'expertise dans ce domaine. »

« Je vois, tout dépend de la situation », dit Robert en pensant à son projet de film qu'il ne peut réaliser seul.

« Ceci m'amène à la septième loi de la richesse, qui touche à la rentabilité de votre propriété. Votre maison doit se transformer en un investissement qui vous soit profitable. Et c'est une loi sur laquelle j'insiste beaucoup auprès des gens, car le montant d'argent relié au logement est l'un des postes budgétaires les plus importants. »

« Notre maison a été achetée dans ce but, répète Robert. Être à loyer ne nous procurait pas d'avantages financiers, tandis que l'achat d'une maison nous permet au moins de garder cette valeur une fois qu'elle est payée. »

« C'est vrai dans un certain sens, Robert. Cependant, nous pourrions le voir de manière encore beaucoup plus rentable. »

« Vous piquez ma curiosité ! »

« Au lieu d'acheter une maison unifamiliale, vous pourriez acheter un duplex ou un triplex. Ce n'est pas la maison de vos rêves, évidemment, mais cela vous donne un toit qui vous rapporte de l'argent. Rappelez-vous le principe de l'actif. Avec un duplex ou un triplex, le total des loyers paie votre propre logement. Ainsi, vous n'avez pas à puiser dans votre budget de montant d'argent pour vous loger. Voyez-vous comment vous seriez déjà beaucoup plus riche ? Tout l'argent que vous consacrez actuellement à votre hypothèque, vous pourriez l'épargner. »

Robert pense à la dizaine de milliers de dollars d'hypothèque qu'il paie par année et il voit le bien-fondé de l'idée, mais en même temps, vendre sa maison… Il a bien de la difficulté à se l'imaginer.

« Quand vous aurez accumulé toujours plus de revenus grâce à votre immeuble à logements, vous pourrez en acheter un autre et, le cas échéant, construire la maison de vos rêves et la payer à même le revenu de vos immeubles. N'est-ce pas une stratégie plus efficace ? »

« En effet ! » admet Robert qui saisit maintenant mieux le principe.

« Toutefois, n'oubliez pas que chaque choix que vous faites entraîne des coûts et des avantages. En termes de coûts, vous devez bien sûr vous occuper de votre immeuble, accepter d'y faire des réparations ou d'avoir parfois un locataire peu précautionneux. Mais comme vous habitez sur place, c'est en général moins fréquent. Quant aux avantages, ils sont assez évidents, ils sont surtout financiers.

« L'objectif est que votre maison se paie par elle-même et, mieux encore, qu'elle vous procure des revenus qui puissent servir à d'autres investissements. »

Robert se demande comment Michelle réagirait à cette idée.

« Pour ce qui est de la huitième loi de la richesse, elle vise votre retraite : prenez les dispositions nécessaires pour vous garantir un revenu au moment où vous ne serez pas en mesure de travailler, quoi ! »

« C'est encore bien loin », pense Robert tout haut.

« Il est important de penser à votre retraite même si vous êtes encore jeune, Robert, aussi bien pour vous que pour votre famille. Il est triste de voir qu'encore beaucoup de gens n'ont ni caisse de retraite ni régime de pension privé. Quant à ceux qui en possèdent, les données indiquent que vingt pour cent d'entre eux puisent avant la retraite dans l'épargne destinée à leur pension. Ils retirent ces fonds et les utilisent pour des dépenses de la vie courante. C'est pourquoi je vous disais qu'il faut apprendre à vivre avec moins que les 80 pour cent de vos revenus restants, pour parer à toute éventualité et éviter de puiser dans le "bas de laine" destiné à vos vieux jours. »

« Y a-t-il d'autres moyens que les fonds de placement pour mettre de l'argent de côté pour ses vieux jours, comme vous dites ? »

« Oui, beaucoup d'autres. Je recommande d'ailleurs d'avoir recours à d'autres solutions, car si on observe seulement la crise de 2008-2009, on se rend compte que beaucoup d'investisseurs ont perdu une partie de la valeur de leur régime de pension à cause de la dévaluation des actions à la Bourse. Ces fonds de placement sont gérés par les institutions financières, qui investissent sur les marchés boursiers ou prêtent à d'autres institutions. Les risques sont en général minimes, mais comme on l'a vu en 2008, tout est possible.

« Je conseille la diversité. Une stratégie que je préconise est l'achat de logements locatifs, car la valeur des propriétés augmente et les revenus tirés de la location apportent un revenu dit récurrent, celui des loyers, qui revient de façon régulière. »

« Mettez-vous l'achat de terrains dans la même catégorie ? »

« Oui, car ils prennent de la valeur. Si vous avez, par exemple, l'occasion d'acheter un terrain sur le bord de l'eau, faites-le, car sa valeur augmentera. Le nombre de terrains riverains diminue avec le temps et ils sont de plus en plus recherchés. Or, tout ce qui est rare gagne de la valeur. »

« Tout ce qui amène des revenus récurrents est donc un bon investissement ? » demande Robert.

« Oui, et pensez toujours à investir dans un actif, qui va vous apporter davantage de revenus.

« Et n'hésitez pas à demander conseil. Il faut faire preuve d'humilité, mais c'est très important lorsqu'on commence dans le domaine des affaires. Je ne me suis jamais interdit d'appeler quelqu'un pour lui demander de l'aide ou un conseil. C'est tout naturel. De la même manière, j'ai toujours gardé ma porte ouverte et je suis prêt à répondre à toutes les questions qu'on pourrait vouloir me poser. Je sais à quel point un bon conseil peut éviter des erreurs.

« Il y a une autre façon de vous assurer tout au long de votre vie de ne pas vous retrouver en difficulté, et c'est de vous procurer les polices d'assurance nécessaires pour vous protéger contre le vol et l'incendie, de même que pour protéger votre automobile, votre vie, etc. Ces assurances sont une protection pour vous et les membres de votre famille. »

« Je suis assez bien couvert de ce côté-là », précise Robert.

« Dans ce cas, poursuivons... La neuvième loi de la richesse, et non la moindre, consiste à vous éduquer constamment dans le domaine des finances.

« Il est étonnant de constater que les gens ne connaissent rien, ou si peu, au sujet de leurs finances personnelles et qu'ils ne font rien pour y remédier. Le pire, c'est que ce sont les mêmes personnes qui se plaignent de leur situation financière désastreuse. Il est important de se renseigner sur les choses qui orientent le cours de notre vie. »

Pendant qu'ils discutent, un homme entre dans le restaurant et salue la serveuse. Il se dirige vers leur table, salue l'homme d'affaires de manière très chaleureuse, puis se tourne vers Robert avec un sourire avenant en lui tendant la main.

« Excusez-moi, messieurs. M. Tassé, je voulais passer à votre bureau pour vous remettre une lettre, mais quand j'ai vu votre voiture devant le restaurant je me suis dit que je pourrais en profiter. C'est un hommage pour la soirée qui est prévue pour souligner vos soixante ans en affaires », explique-t-il.

M. Tassé prend la lettre et le remercie.

L'homme s'excuse à nouveau et sort en quelques enjambées. Il semble vigoureux et énergique.

« C'est un de mes anciens employés qui m'a quitté pour lancer sa propre entreprise. Je lui ai enseigné tout ce que je savais. Rien ne me fait plus plaisir que de voir quelqu'un appliquer les lois et les principes de la richesse ! »

Cela dit, il jette un coup d'œil à la lettre. Quand il voit de quoi il s'agit, il la tend à Robert pour qu'il la lise.

Hommage à monsieur Eugène Tassé

Si vous me permettez, j'aimerais vous faire un petit résumé de ce que j'ai vécu durant mes 24 années à l'emploi d'Eugène Tassé. Âgé de 16 ans, j'ai eu mon premier emploi par le biais d'une annonce. M. Tassé n'a pas perdu de temps à m'initier au commerce de l'alimentation. Durant les trois premiers mois, il a su m'inculquer une discipline. J'étais alors responsable des bouteilles vides et du nettoyage de la boucherie le samedi soir.

Il m'a inculqué l'habitude d'épargner un dollar par semaine. Son implication dans ma vie personnelle, ses grandes qualités de chef, son encouragement à toujours bien faire mon travail et la confiance qu'il avait en moi m'ont sûrement permis d'acquérir le sens des responsabilités. Des bouteilles vides, je suis passé aux fruits et légumes, puis caissier, commis et livreur à temps partiel. M. Tassé m'a même donné une demi-journée de congé pour apprendre à conduire.

Je me rappelle quand j'ai acheté ma voiture, payée 75 dollars à même mes économies et que vous m'avez dit, M. Tassé, d'aller la reporter car je n'en avais pas besoin à ce moment-là. Je vous ai écouté. Vivant alors en appartement à Hull, j'ai pu grâce aux économies réalisées acheter une maison et deux ans après, une voiture.

Durant ces années, M. Tassé nous a fait participer à sa compagnie en tant qu'actionnaires. À 40 ans, je me suis lancé en affaires, non pas les mains vides mais avec 150 000 $ épargnés. J'ai démarré ma petite entreprise. D'autres comme moi ont aussi vécu cette expérience.

Mon entreprise est florissante. J'ai toujours gardé en moi l'amour du travail et le dynamisme que M. Tassé m'a enseignés.

C.

« Quel beau témoignage, s'exclame Robert. Il a vraiment mis en pratique vos conseils. »

« Tout est là, dans la pratique. C'est pour ça, Robert, que je vous ai révélé la "condition de la richesse". C'est comme ça que l'on connaît le succès. »

« J'en vois déjà les fruits, M. Tassé. »

« Pour terminer avec cette loi de la richesse qu'est l'éducation, je vous recommande de lire régulièrement sur l'économie et d'étudier s'il le faut dans les secteurs où vous avez des carences. Apprenez les différents régimes de pension et tout ce dont vous avez besoin pour bien gérer vos finances. C'est de votre richesse qu'il s'agit. Lisez continuellement des auteurs qui parlent des finances. Je trouve vraiment dommage que la majorité des gens vivent de l'anxiété en raison d'une méconnaissance de leurs finances personnelles. C'est si simple quand on sait et si efficace quand on le met en pratique. »

« C'est pour cette raison que vous avez décidé de contribuer au domaine de l'éducation ? »

« Exactement. Je vous ai déjà parlé du cours qui se donne à l'Université du Québec en Outaouais, dans le cadre duquel des comptables, des banquiers, des assureurs viennent expliquer les différentes facettes des finances personnelles. »

« Il y a aussi le cours *L'École de l'argent*, qui vise à informer les jeunes le plus tôt possible sur les questions de finances personnelles. Pour les jeunes, le mot argent est synonyme de problèmes, de stress, de dettes, d'instabilité, de survie. C'est souvent le reflet de ce qu'ils ont vécu auprès de leurs parents. La gestion des finances personnelles est tout un casse-tête pour un grand nombre, surtout les plus jeunes qui ont quitté la maison familiale.

« Le cours s'adresse aux jeunes de 16 à 35 ans. Ils apprennent à gérer leur argent, à développer de bonnes habitudes de consommation, à planifier en fonction de leurs rêves. La formation se fait au moyen de rencontres individuelles, d'ateliers et de conférences.

« Le résultat est inestimable ! Pouvez-vous imaginer mon plaisir chaque fois qu'un jeune fait une prise de conscience relativement à l'argent ? Pour moi, c'est une victoire à chaque fois. »

Robert n'a qu'un regret : s'être intéressé si tard à ses propres finances.

« Robert, ne regrettez rien, car mieux vaut tard que jamais. Rappelez-vous le verre à moitié plein ou à moitié vide. »

« C'est vrai. Je préfère voir le mien à moitié plein. Merci. »

« Votre travail, cette fois, sera de réviser vos plans de retraite et de voir comment vous pouvez rendre votre maison plus rentable. »

Robert a hâte de s'asseoir de nouveau avec Michelle pour aborder ces questions d'une grande importance.

◆◆◆◆◆◆◆

« Personne ne peut changer le passé,
mais nous pouvons tous décider
de nos lendemains. »
— Colin Powel

◆◆◆◆◆◆◆

« Soyez le changement que vous voulez
voir dans le monde. »
— Mahatma Gandhi

◆◆◆◆◆◆◆

11

La bataille de la pensée

« On ne peut empêcher les oiseaux
de malheur de voler au-dessus de nos têtes,
mais on peut les empêcher de construire
leur nid dans nos cheveux. »

— Proverbe chinois

C es rendez-vous sont devenus une heureuse aventure, pense
Robert en regardant l'homme d'affaires en face de lui.

« M. Tassé, y a-t-il autre chose que je devrais savoir pour
connaître le succès ? »

« Oui, ce qui fait la différence entre le succès et l'échec dans
la vie d'un homme ou d'une femme, c'est le caractère. Êtes-vous
prêt à choisir d'avoir du caractère ? »

« Et à quoi doit ressembler ce caractère ?... »

« Une des qualités profondes que l'être humain doit posséder, c'est la détermination. Elle est, avec l'intention, ce qu'il y a de plus important. La détermination et l'intention sont comme les deux faces d'une main, c'est-à-dire qu'elles ne peuvent vivre l'une sans l'autre. Bien ancrée, la détermination permet de surmonter les difficultés et de connaître le succès. Elle est l'attitude psychologique de celui ou celle qui a décidé de réussir et qui ne se laissera pas arrêter. »

« Comment puis-je être certain de réussir ? » demande Robert avec une pointe d'appréhension.

« Tout se joue dans la tête, il faut en prendre conscience une fois pour toutes. La pensée devient un véritable champ de bataille et plus que toute autre bataille, il faut absolument remporter celle de la pensée. »

« Je ne comprends pas vraiment ce que vous voulez dire par "champ de bataille de la pensée". »

« Je veux dire que nous avons gagné ou perdu dans notre tête avant même de mener la bataille sur le terrain. Quelqu'un qui a peur, comme le mauvais serviteur, est certain d'échouer. À l'inverse, la personne qui a confiance en elle et qui développe son caractère est sur le chemin de la victoire. »

Robert se sent nerveux ; il veut comprendre à tout prix ce dont parle Eugène Tassé.

« Peu importe ce à quoi vous vous attendez dans votre tête, c'est exactement ce que vous allez obtenir. Si vous avez des pensées positives, votre vie va se dérouler de manière positive. Si vous avez des pensées négatives, devinez ? Vous aurez une vie négative, en d'autres mots vous connaîtrez des revers, des situations difficiles. »

« Mais les événements qui nous arrivent ne sont pas nécessairement positifs. »

« Exact. Toutefois, selon la façon positive ou négative dont vous les aborderez, vous vous dirigerez vers une issue positive ou une issue négative. Laquelle choisissez-vous, Robert ? »

« Encore une question de choix, hein ? »

« Oui et ce choix, c'est invariablement dans la tête qu'il se fait. Je vais vous raconter une histoire que vous allez aimer, j'en suis sûr. Vous vous souvenez de l'ouragan Katrina aux États-Unis ?

« Oui. J'ai vu plein de reportages à la télévision. »

« Plus de deux ans après le drame, un journaliste est allé sur les lieux et a rencontré plusieurs personnes qui ont donné leur témoignage. Deux m'ont particulièrement frappé. Il y avait une dame avec trois enfants qui était consternée ; elle n'avait toujours pas de maison et sa situation restait désastreuse. Elle blâmait tout le monde. Un peu plus tard durant l'émission, le journaliste interviewait une autre dame du même âge, elle aussi avec trois enfants, qui avait de nouveau une maison et avait repris une vie normale. Ses enfants allaient à l'école. Elle racontait qu'après Katrina, alors qu'ils étaient rassemblés par centaines dans un grand gymnase, elle avait remarqué un groupe d'hommes qui tous les matins se rencontraient et discutaient de façon animée. Intriguée, elle s'est approchée d'eux et a offert de leur apporter du café. Tous les jours par la suite, elle est restée avec eux pendant qu'ils discutaient de la façon dont ils allaient rebâtir leurs maisons. Les hommes l'ont incluse dans le groupe et ont partagé leurs idées avec elle. Quelques mois plus tard, tous reconstruisaient leur maison et c'est ainsi que cette dame, qui était pourtant dans la même situation que la première, put voir sa vie très différemment de l'autre.

« Wow ! Je n'avais pas entendu cette histoire. Quelle différence, en effet ! »

« Si vous êtes dans l'attente de la défaite, de l'échec et de la médiocrité, votre subconscient va enregistrer vos pensées et s'assurer de vous amener dans cette voie de l'autosabotage. Il est donc primordial de programmer votre esprit pour qu'il vise le succès. »

« Comment faire pour programmer notre esprit ? »

« En l'entraînant constamment à penser de manière positive. Dès que des pensées négatives surgissent, transformez-les en pensées positives. Si un doute survient, il faut le rejeter et se dire que la réussite n'est pas optionnelle. En d'autres mots, vous ne pouvez pas vous donner le choix de réussir ou de ne pas réussir. La réussite est la seule issue possible, il n'y en a pas d'autre ! »

Robert répète avec enthousiasme « la seule issue possible est la réussite ».

« Il s'agit d'une pratique quotidienne, de chaque instant, même. Plus vous le faites, plus votre esprit réagit ; il est comme un muscle qui s'exerce et qui prend de la force. Ses réflexes deviennent de plus en plus rapides. À la longue, vous vous mettrez à voir la vie sous un jour tout à fait différent. »

« C'est comme l'histoire du verre à moitié vide ou à moitié plein. La personne positive le voit à moitié plein ; la personne négative le voit à moitié vide. »

« C'est cela ! Il faut habituer votre pensée à toujours voir le verre à moitié plein. »

« Dompter mon esprit de façon à être et à rester positif ! »

« Et pas seulement cela. Allez encore plus loin et élevez votre niveau d'attentes. Élargissez votre vision, ne laissez aucune limite restreindre vos désirs. Pour vivre le plein potentiel de votre existence, vous devez voir votre vie à travers les yeux de la foi, croire en ce qui n'est pas encore là, pas encore réalisé. Voyez-vous à un niveau toujours supérieur, voyez-vous atteindre des sommets. Pour créer les choses que vous voulez, vous devez avoir à l'intérieur de vous une image de vos désirs. Vous devez déjà les voir. Ne vous êtes-vous jamais vu en train d'accomplir vos rêves? » Les yeux d'Eugène Tassé brillent de passion en posant la question.

« Non », avoue Robert d'un air embarrassé.

« Voyez-vous en train de réaliser vos rêves et gardez toujours en tête cette vision victorieuse de vous-même. Ce que vous gardez à l'esprit vous influence. Si vous pensez à l'échec et aux difficultés, c'est ce que vous produirez parce que vous l'avez en tête. »

« Oui, mais les difficultés existent bel et bien », s'exclame Robert.

« C'est vrai. Mais ne fixez pas votre attention sur elles, concentrez-vous plutôt sur la victoire. Habituez-vous à penser "je peux le faire". Voyez-vous comme un gagnant! »

Un sourire se dessine sur le visage de Robert.

« Puis-je y croire? »

« C'est à vous de décider, Robert. »

Robert désire plus que tout acquérir cette vision de succès, d'abondance, de joie, de paix et de bonheur.

« La détermination devient cette force vive de la pensée qui balaie le doute, les questionnements étant ainsi remplacés par la foi, l'espoir. La foi consiste à croire même si vous ne voyez pas encore, avec une attitude ferme, un esprit convaincu, un cœur décidé. La foi entretient en vous la certitude d'accomplir ce que vous avez l'intention de faire. »

« Et rien ne peut vous arrêter? »

« Vous savez, j'ai lancé mes magasins d'alimentation il y a très longtemps. J'ai un certain âge, dit-il en riant. En 1946, j'ai ouvert mon premier commerce, qu'on appellerait aujourd'hui un petit, très petit dépanneur. En 1952, j'ai construit le Marché Tassé. On appelait ça une épicerie de quartier, car les gens des alentours venaient y acheter leur nourriture. Ce n'est pas comme aujourd'hui où les gens vont parfois assez loin pour faire leurs achats. »

Robert se souvient être allé avec sa mère dans ce genre d'épicerie du coin.

« L'un des grands défis que j'ai rencontrés dans le monde de l'alimentation fut l'arrivée des grandes chaînes comme Steinberg. Leurs nouveaux magasins étaient conçus avec des allées larges et remplies de toutes les marques de produits. Leurs grandes affiches et leurs moyens d'annoncer les magasins et les produits étaient tout nouveaux. Tout cela paraissait si grand, si disproportionné par rapport aux capacités des petites épiceries locales.

« Ces grandes chaînes ouvraient la voie au monde de la consommation tel qu'on le connaît aujourd'hui. Elles ont mis en place toutes les stratégies nécessaires pour s'emparer du marché. C'est à cette époque que sont arrivés la publicité à grande échelle, les coupons-rabais, les timbres échangeables contre toutes sortes de biens de consommation... »

« Ah oui, je me souviens que ma mère nous faisait coller ces timbres dans des petits livrets. Une fois qu'elle en avait rempli quatre ou cinq, elle les échangeait contre des primes-cadeaux. »

« Comme dans *Les belles-sœurs* ! »

Tous deux s'esclaffent au souvenir du « *party* de collage de timbres » dans la pièce de Michel Tremblay.

« L'heure était très grave pour les petits épiciers indépendants, qui perdaient un fort pourcentage de ventes au profit des grandes chaînes. Après avoir couvert 70 pour cent du marché de l'alimentation, nous n'en couvrions plus que 55 pour cent en 1970. Soixante pour cent des épiciers indépendants ne progressaient plus, d'autant plus qu'ils étaient situés dans les quartiers et étaient absents des centres commerciaux qui devenaient de plus en plus populaires. »

« David contre Goliath, n'est-ce pas ? »

« C'est tout à fait cela. L'image est parfaite. J'étais bien conscient que les moyens étaient inégaux et que la lutte économique allait être dure. Il fallait réagir et mettre en place de nouvelles stratégies. L'une d'elles fut de créer des alliances et une bannière qui regrouperait les indépendants.

« Je suis allé voir comment les magasins Steinberg s'y prenaient. J'ai arpenté leurs allées, observé comment ils plaçaient les produits, regardé leurs affiches publicitaires. Je vais vous raconter une anecdote assez drôle. Lors d'un congrès de l'Association des détaillants en alimentation auquel assistait Sam Steinberg, je l'ai remercié d'avoir été mon meilleur professeur. Il a eu l'air surpris. "Comment cela ? C'est la première fois de ma vie que je vous vois !" m'a-t-il dit. Ce à quoi j'ai répondu : "C'est simple, quand je voulais savoir comment faire quelque chose dans mon épicerie, j'allais voir ce que vos gens faisaient dans vos magasins." »

Robert sourit en imaginant la tête qu'avait dû faire Sam Steinberg, l'une des plus grandes fortunes du Québec.

« J'ai remarqué avec le temps une carence dans la façon d'administrer nos magasins. Il fallait, en tant qu'épiciers indépendants, que nous adoptions des méthodes modernes comme le faisaient les grandes chaînes. Le système de comptabilité manuel était désuet, tout autant que les inventaires "à la mitaine". Les grandes chaînes tiraient avantage de l'utilisation des ordinateurs. C'était toutefois un très gros investissement pour les épiciers indépendants ; nous n'avions pas les mêmes moyens que M. Steinberg...

« Mais j'étais tellement déterminé à connaître le succès qu'aucun doute ne pouvait ternir cette résolution dans mon esprit.

Ma décision était irrévocable, peu importe les obstacles et les défis qu'il me faudrait surmonter. Mentalement, j'étais prêt à y faire face. »

« Qu'avez-vous fait ? »

« Après analyse, j'ai posé un verdict ferme : nous accusions un manque flagrant de planification. Cela se comprenait, puisque nous manquions de données. Il faut beaucoup de temps pour savoir ce qui manque dans l'inventaire si on doit vérifier sur chaque tablette et dans l'entrepôt. Rien à voir avec le simple fait de consulter un ordinateur ! Mais ce qui était plus grave à mon sens, c'est que nous avions perdu le goût du risque et que dans trop de cas, nous nous comportions comme des "parvenus". Certes, nous avions pour la plupart assez bien réussi, mais il n'y a rien de pire que de faire du sur-place. Les grandes chaînes nous forçaient à bouger, mais un bon nombre d'entre nous voulaient simplement continuer à faire ce qu'ils avaient toujours fait. »

« La résistance au changement... »

« Oui, et dans notre genre de commerce, nous ne pouvons pas nous permettre de rester à la même place. Les statistiques ne mentent pas : si on n'avance pas, on recule. Cela s'applique d'ailleurs aux êtres humains aussi bien qu'au marché de l'alimentation. Si nous cessons de nous améliorer et de viser plus haut, nous irons malheureusement vers la seule place qui reste, le bas. C'est une loi incontournable.

« Pour revenir au défi qui se posait pour mes confrères épiciers et moi, je me suis engagé à créer le regroupement des épiciers indépendants de la région de l'Outaouais. Il fallait pour cela convaincre les petits épiciers qui résistaient au changement. J'aurais pu regarder le train passer, comme d'autres, mais j'étais déterminé à surmonter la crise et je savais qu'il fallait pour cela unir nos efforts. J'ai donc pris mes responsabilités et commencé à rencontrer les épiciers. On tenait des réunions dans chacune des épiceries à tour de rôle et avant chaque rencontre, on arpentait le magasin en suggérant des améliorations à y apporter. »

« Il devait y en avoir qui n'aimaient pas ça ! »

« C'est exact, mais l'honnêteté est dans ces moments notre plus grande alliée. Qu'attendez-vous vraiment d'un ami ? Qu'il vous flatte avec complaisance ou qu'il vous dise la vérité pour vous aider à monter plus haut ? Les commentaires ne sont pas bons ou mauvais en soi, ils sont simplement des commentaires. Ils donnent un portrait instantané des choses et c'est à la personne qui les reçoit d'agir en conséquence. »

Robert hoche la tête à ces paroles de sagesse.

« La détermination, c'est une attitude. Une personne déterminée agit sans hésiter, en fonction des décisions qu'elle a prises. Décision, fermeté, résolution, ténacité, volonté... tous ces mots sont synonymes. Je dirais que la détermination est la décision de ne pas se laisser de porte de sortie.

« À ce propos, j'aime bien l'histoire de ce conquérant qui avait décidé d'envahir l'Angleterre. Une fois débarquées, ses troupes de milliers de soldats se sont mises à monter la falaise pour se préparer à la bataille. Rendus au sommet, les officiers ont demandé aux soldats de regarder vers la mer. Avec surprise, ils ont aperçu leurs bateaux en train de brûler. Les soldats n'avaient aucune possibilité de reculer et de battre en retraite et ils n'avaient d'autre choix que de se battre et de gagner pour ne pas être tués ou faits prisonniers. Le fait de leur enlever toute porte de sortie les a amenés à combattre avec une détermination telle qu'ils ont effectivement remporté la bataille. Il en va de même pour nos décisions. Si nous prenons une décision tout en nous laissant une possibilité de ne pas la respecter, vous pouvez facilement imaginer ce qui va se produire. »

« Oui, l'abandon et l'échec... »

« Effectivement. Et le pire, c'est que la personne va se donner bonne conscience face à son échec en blâmant les circonstances, bref en voyant les choses du point de vue de la victime. La responsabilité personnelle, c'est aller chercher avec assurance et détermination ce que l'on désire profondément. »

« Le choix, toujours le choix… »

« Henry Ford a créé le moteur à huit cylindres grâce à sa détermination, surtout face à ses propres ingénieurs qui lui disaient que c'était impossible. Ford insistait et les renvoyait au travail, ce qu'ils faisaient, étant donné qu'il était le patron. Ford se répétait "Je veux ce moteur et je l'aurai !". Finalement, les ingénieurs ont fait une percée technologique importante et découvert la façon de le fabriquer. C'est la détermination de Ford qui a fait la différence. Pourquoi ? Simplement parce que la détermination force la personne à aller au-delà de ses capacités ou de ce qu'elle voit. La personne déterminée voit plus loin ; en fait, elle voit déjà ce qui semble impossible ou ce qui n'existe pas encore. »

Robert comprend de plus en plus ce qu'est la force de caractère en écoutant ces histoires que lui raconte avec verve l'homme d'affaires.

« Les frères Wright ont été les premiers hommes à voler à bord d'un avion à moteur. Ils ont ainsi repoussé l'une des principales limites de l'homme : son incapacité à voler. Pourtant il paraissait insensé de croire qu'un homme puisse voler à bord d'un appareil beaucoup plus lourd que l'air. Quand on pense aujourd'hui aux centaines de personnes que l'on transporte dans des Boeing avec des centaines de kilos de bagages et de mazout, on peut presque dire que cela dépasse l'entendement. La détermination des frères Wright a mené à la création de l'avion, ils ont trouvé une réponse à leur désir de voler.

« L'adversité qui aurait arrêté bien des personnes n'a pas retenu Henry Ford, les frères Wright ou Abraham Lincoln, qui a été défait d'ailleurs une dizaine de fois en politique avant d'être élu président des États-Unis. La détermination vous rend maître de ce que vous voulez accomplir et ce ne sont plus les circonstances qui décident pour vous ; c'est bel et bien vous qui décidez de votre avenir. »

L'adversité n'a jamais arrêté Eugène Tassé non plus, se dit Robert intérieurement.

« Les circonstances sont parfois favorables et elles seront très certainement défavorables un jour ; il ne peut en être autrement dans la vie. La question à laquelle il faut être prêt à répondre lorsqu'arrive l'adversité est la suivante : "Suis-je prêt à relever ce défi et à poursuivre avec détermination ce que j'ai déjà commencé, ou vais-je abandonner le projet en blâmant les circonstances ?" Certaines personnes s'engagent dans un projet avec enthousiasme, mais dès que les difficultés arrivent ou qu'il n'y a pas de progrès pendant un certain temps, elles abandonnent et cherchent un autre projet en rationalisant leur échec. Il en est de même aussi avec les relations amoureuses. Combien d'hommes et de femmes entreprennent une relation amoureuse de manière passionnée et, dès que cette passion s'estompe ou que l'engagement devient trop lourd, préfèrent quitter leur partenaire et recommencer avec un autre afin de vivre à nouveau cette passion tant recherchée. Ce scénario répétitif est la réalité de celui qui est incapable d'aller au-delà de la difficulté et qui préfère recommencer éternellement sans jamais finir ce qui a été amorcé.

« Il est si facile de prendre le rôle de victime et de se dire que les revers de la vie ont été pénibles et que nous en subissons les conséquences. À l'opposé, nous pouvons décider d'aborder la situation de manière responsable en nous disant qu'il en tient à nous d'aller de l'avant. Si notre vie est devenue ce qu'elle est, c'est bel et bien le résultat de nos choix et de nos attitudes. »

En écoutant ces propos, Robert sent grandir en lui la force du vainqueur. « Tout dans la vie est vraiment une question de choix ! Il n'en tient qu'à moi de choisir la victoire et non la défaite, de choisir des pensées positives qui m'élèvent et non des pensées négatives qui m'abaissent, de choisir l'abondance et non la pénurie », réfléchit-il tout haut.

« C'est un très bon point, Robert. Quand on a peur et qu'on a des pensées négatives, ce qui nous vient à l'esprit, c'est la pénurie, le manque. Si vous devez trouver des idées, vous avez peur de manquer d'imagination ; si vous pensez à la pauvreté, vous dites sans cesse que vous manquez d'argent. Les gens ne pensent qu'à ce qui leur manque : temps, sommeil, ressources, et quoi encore... Écoutez simplement autour de vous et vous verrez qu'ils parlent constamment de ce qui leur manque et non de tout ce qu'ils ont.

« Or, la vie est faite d'abondance, poursuit-il. Tout dépend de la façon dont vous la regardez. Faites l'inventaire de tout ce que vous possédez. Je vais vous raconter une histoire qui illustre mon propos. Elle se trouve dans le Livre des Rois, dans la Bible. Il était une fois, il y a très, très longtemps...

« La veuve d'un disciple des prophètes implora Élisée en ces termes :

- Ton serviteur mon mari est mort. Tu sais combien il révérait Dieu. Or, voilà que l'homme qui lui avait prêté de l'argent veut prendre mes deux enfants et en faire des esclaves.

Élisée lui demanda :

- Que puis-je faire pour toi ? Dis-moi ce que tu as dans ta maison. Elle répondit :

- Je n'ai plus rien d'autre chez moi qu'un flacon d'huile.

Il dit alors :

- Va donc emprunter chez tous tes voisins autant de récipients vides que tu pourras. Puis tu rentreras chez toi, tu fermeras la porte sur toi et sur tes fils, tu verseras de l'huile dans tous ces récipients et tu les mettras de côté à mesure qu'ils seront pleins.

La femme le quitta et fit ce qu'il lui avait dit. Elle ferma la porte sur elle et sur ses fils ; ceux-ci lui présentaient les récipients, et elle les remplissait.

Lorsqu'ils furent tous pleins, elle dit à l'un de ses fils :

- Passe-moi encore un récipient.

Mais il lui répondit :

- Il n'y en a plus.

Au même moment, l'huile s'arrêta de couler.

Elle alla le raconter à l'homme de Dieu, qui lui dit :

- Va vendre cette huile. Tu pourras rembourser ta dette et vivre, toi et tes fils, avec ce qui te restera. »

Robert se dit qu'il aimerait bien que l'huile coule comme ça chez lui.

« Dans cette histoire, la partie la plus importante est le moment où Élisée demande à la veuve ce qu'elle possède. Dans un premier temps, elle répond "rien", mais aussitôt elle ajoute "Je n'ai qu'un flacon d'huile". C'est très peu. La majorité d'entre nous aurions dit que nous n'avions rien. Heureusement pour elle, elle a ajouté qu'elle possédait un flacon d'huile. À partir de ce moment, Élisée avait quelque chose pour agir ; il a donc pu multiplier l'huile. Imaginez si la veuve avait dit simplement "Je n'ai rien".

« Faites de même, Robert. Pensez à ce que vous avez et non à ce que vous n'avez pas. Encore une fois, concentrez votre attention sur l'abondance et non la pénurie. Car l'abondance crée l'abondance et la pénurie crée la pénurie. »

« Les gens n'ont rien parce qu'ils disent qu'ils n'ont rien. Des psychologues appellent cela la "prophétie autoréalisatrice", ce qui signifie que les choses se réalisent telles que conçues. En fait, les gens se conduisent inconsciemment de manière à ce que les choses se passent comme ils les conçoivent. Ils pensent en termes de manque et leur vie se caractérise par tout ce qu'ils n'ont pas eu et auraient voulu avoir. Remarquez par ailleurs que ces gens parlent au conditionnel. Les "j'aurais voulu" sont fréquents dans leur vocabulaire. »

D'un même trait, il ajoute :

« À l'opposé, les gens qui ne pensent pas en termes de manque parlent dans des termes d'abondance. Prenez cette femme aux États-Unis qui a perdu son enfant dans un accident de voiture impliquant une personne en état d'ébriété. Elle n'avait rien d'autre que la parole. Elle a commencé à envoyer des communiqués dans les journaux, des lettres aux politiciens. Aujourd'hui, les États-Unis et de très nombreux pays ont des lois criminelles contre la conduite en état d'ébriété et bien des gens adoptent des comportements différents. Ils choisissent un conducteur qui ne boit pas durant la veillée, ils appellent "Opération Nez rouge" durant la période des Fêtes et des bénévoles viennent les reconduire à la maison. Je vous le répète : l'abondance crée de l'abondance et la pénurie crée de la pénurie. »

« J'ai compris, M. Tassé, et je prends résolument le parti de l'abondance », déclare Robert.

« Comprenez-vous vraiment que ce que vous pensez se réalise avec puissance ? Faites attention à vos pensées. Votre cerveau est le champ de bataille de la pensée, comme je vous l'ai dit plus tôt. Vous vous devez de gagner la bataille sur ce point », conclut l'homme d'affaires en pointant du doigt le front de Robert.

Les deux hommes finissent de manger en discutant sur la force de la pensée et du caractère.

« Quelle sera l'exercice aujourd'hui, M. Tassé ? Que devrai-je faire ? », questionne Robert.

« Faites un inventaire de tout ce que vous possédez : vos talents, vos dons, vos forces, vos relations, vos ressources mentales, vos connaissances, vos habiletés, sans oublier votre vie spirituelle. Divisez une feuille en deux et dressez cette liste dans la colonne de gauche et, à droite, écrivez comment vous pouvez utiliser ou exploiter chacun des points de la liste. »

« Mon flacon d'huile ! »

« Oui, votre flacon d'huile qui ne demande qu'à se multiplier », réplique Eugène Tassé en souriant.

« S'il vous plaît, Robert, pourriez-vous venir à mon bureau pour notre prochaine rencontre ? »

« Bien sûr, avec plaisir. »

✦✦✦✦✦✦✦

« Dieu nous rencontre en général
au niveau de nos attentes. »

— Joel Osteen

✦✦✦✦✦✦✦

« L'arme la plus puissante qui existe sur terre
est le feu qui brûle dans l'âme des êtres. »

— Marshall Foch

✦✦✦✦✦✦✦

12

L'abondance du cœur

« N'est-il pas merveilleux que
nous n'ayons pas besoin d'attendre
un seul instant pour améliorer le monde. »
— Anne Frank

Au bureau d'Eugène Tassé, Robert s'adresse au secrétariat car il n'y a pas de réponse à la porte de l'homme d'affaires.

« Bonjour. Est-ce que M. Tassé est arrivé ? »

« Bonjour, monsieur. Non, M. Tassé n'est pas ici », répond la dame sans tarder.

Robert est un peu surpris et se demande comment elle peut lui répondre de manière aussi affirmative sans avoir vérifié au préalable.

« Vous êtes sûre ? »

« Absolument. La première chose que M. Tassé fait en arrivant, c'est de faire le tour des bureaux et de saluer chaque employé. Il n'y a jamais manqué une seule fois. Comme je ne l'ai pas vu encore ce matin, cela veut dire qu'il n'est pas ici. »

En jasant quelques instants avec la réceptionniste, Robert comprend la grande distinction que fait Eugène Tassé entre une technique et une habitude authentique.

« Vous savez, on sent que c'est un réel plaisir pour lui de dire bonjour et de s'informer de chacun. » Au même moment, Eugène Tassé franchit le seuil du bureau.

« Je m'excuse, Robert, de ces quelques minutes de retard. J'étais sur le chantier du centre commercial que nous sommes en train de construire et je devais donner quelques indications supplémentaires au contremaître. »

« Merci, Linda, d'être restée quelques instants pour accueillir mon invité. »

« De rien, M. Tassé. Tout le monde est déjà parti pour le lunch, monsieur. Avez-vous encore besoin de moi ? »

« Non, Linda. Je reviendrai après le lunch. »

« Parfait. »

« Robert, je vous invite dans un petit restaurant en face du comptoir de la Société de Saint-Vincent-de-Paul. On y fait les meilleurs sandwichs végétariens ! Vous connaissez le guacamole, cette purée d'avocat, d'oignon et d'épices… »

« Oui, j'aime bien la nourriture mexicaine. »

« C'est bon, allons-y. Ensuite, nous irons faire une visite au comptoir. »

Robert n'a jamais mis les pieds à cet endroit. Il s'est toujours imaginé que c'était un genre de bric-à-brac pour les pauvres, où l'on ne trouve que des objets très abîmés.

Arrivés au restaurant, ils commandent tous deux le fameux sandwich au guacamole.

« Robert, je veux vous parler aujourd'hui de l'un des plus grands secrets qui existent. Avec ce secret, votre vie ne sera plus la même. »

Le préambule d'Eugène Tassé pique la curiosité de Robert au plus haut point, surtout qu'il s'agit de leur dernier rendez-vous officiel. L'homme d'affaires lui a dit qu'il pourrait toujours venir le voir à titre d'ami, mais que ce serait leur dernière rencontre du genre.

« Quel est donc ce secret ? » demande Robert.

Eugène Tassé lui tend une feuille sur laquelle est écrit ce qui suit :

« *En effet, supposons que je parle les langues des hommes et même celles des anges : si je n'ai pas l'amour, je ne suis rien de plus qu'une trompette claironnante ou une cymbale bruyante.*

Supposons que j'aie le don de prophétie, que je comprenne tous les mystères et que je possède toute la connaissance ; supposons même que j'aie, dans toute sa plénitude, la foi qui peut transporter les montagnes : si je n'ai pas l'amour, je ne suis rien.

Si même je sacrifiais tous mes biens, et jusqu'à ma vie, pour aider les autres, au point de pouvoir m'en vanter, si je n'ai pas l'amour, cela ne me sert de rien. »

« Connaissez-vous ce texte ? »

« Non, mais c'est beau. »

« C'est un texte de l'apôtre Paul dans lequel il livre un secret magnifique, celui de l'amour pour les autres », confie doucement Eugène Tassé en observant son protégé.

« L'amour... », répète lentement Robert.

« Il y a deux façons d'interagir avec les gens : soit nous les traitons comme des objets qui servent nos intérêts, soit nous les considérons comme des personnes avec lesquelles nous sommes en relation. La différence est gigantesque, mais nous ne réalisons pas toujours comment nous nous comportons. Nous affirmons que les autres ne sont pas des objets pour nous et que nous les considérons comme des personnes, mais qu'en est-il réellement, Robert ? »

« Quand je calcule ce que me doit telle personne en échange de tel service rendu, je la considère plutôt comme un objet, c'est ça que vous voulez dire ? »

« Exactement. Tout comme vous rappelez-vous avoir écourté une conversation en donnant moins d'information à quelqu'un pour terminer plus rapidement en vous disant que de toute façon il ne le remarquerait pas ? Vous est-il arrivé de passer devant quelqu'un dans une longue file d'attente en vous disant que ce n'était pas grave ? Avez-vous déjà été servi par un commis qui ne vous regarde jamais pendant que vous êtes à la caisse car il parle avec un collègue ? Croyez-vous que cela irait beaucoup mieux si vous pouviez travailler avec des gens aussi engagés que vous l'êtes dans le succès de l'entreprise ? »

« Il est vrai que je suis engagé et sérieux et que je consacre tous les efforts nécessaires à mon travail. J'y passe même plus de temps que certains de mes collègues… »

« Oui, sans doute. Mais en réalité, notre préoccupation première n'est-elle pas de montrer que nous sommes efficaces et que nous méritons notre salaire ? De ce fait, nous ne sommes pas réellement engagés dans le succès du reste de l'équipe… »

Robert n'a jamais réfléchi à la question de ce point de vue-là. Pourquoi fait-il les choses ? Pour être utile ou pour sa propre satisfaction, ou encore pour son image ?

« Ce que je veux dire, c'est qu'il y a toujours deux côtés à la réalité : le nôtre et celui de l'autre personne. Il faut aller vers l'autre pour connaître son point de vue. Il y a un très bon film qui s'appelle *Joyeux Noël*, l'avez-vous déjà vu? »

« Non, c'est un film de Noël? »

« Oui et non. C'est un film qui se déroule dans le contexte de Noël durant la Première Guerre mondiale. Il repose sur des faits vécus et traite surtout de l'aventure des relations humaines. Les Français, les Britanniques et les Allemands livrent bataille dans des tranchées se trouvant près les unes des autres et ils font une trêve afin de vivre tranquillement cette nuit de Noël. Les hommes sortent soudainement de leurs tranchées pour parler et fraterniser entre eux; ils montrent des photos de leur famille, partagent des bouteilles de vin et chantent même des cantiques de Noël. Ils se voient alors les uns les autres comme des maris, des pères, de sorte qu'une fois la nuit terminée, ils sont devenus incapables de tirer sur le camp ennemi. Les commandements en chef sont obligés de les transférer sur d'autres champs de bataille pour qu'ils recommencent à se battre. Assez intéressant, n'est-ce pas? »

« En effet, très intéressant même… »

« Pour établir de véritables relations avec les gens, il faut aller vers eux, chercher à les connaître et à savoir quels sont leurs intérêts. Ce qui veut dire aussi que toute entreprise, tout succès se construit avec les autres et jamais sans eux. »

Je dois apprendre à mieux interagir avec les autres, se dit Robert.

« Je vous parle de vrai leadership. Quand nous sommes dans notre tranchée, nous voyons les choses de notre point de vue et cherchons à prouver que nous avons raison et que l'autre a tort. Je suis "correct" et vous ne l'êtes pas. Il n'y a rien de plus courant dans les relations humaines que ce syndrome du "j'ai raison et vous avez tort". Dans les relations de couple, "c'est moi qui ai la bonne vision des choses et non pas toi". Nous dépensons énormément d'énergie à prouver que nous avons raison alors que nous devrions utiliser cette énergie pour découvrir qui est l'autre et lui faire confiance. Une chose est certaine, cette lutte pour avoir raison détruit les relations de travail aussi bien que de couple. Quand nous traitons l'autre personne comme un objet, c'est-à-dire quand nous nous croyons les plus importants et que nous sommes tournés vers nous-mêmes et non vers l'autre, nous provoquons du ressentiment chez la personne au lieu de gagner sa collaboration. »

« Comment tenir vraiment compte de l'autre ? » demande Robert.

« Il s'agit d'être réellement intéressé par la personne et de saisir son point de vue, de le comprendre. Aller vers l'autre, c'est aussi s'assurer qu'il a tout ce qu'il lui faut pour accomplir ce qu'il doit accomplir. C'est ça le rôle du leader : diriger et s'assurer que les autres autour de soi ont tout ce dont ils ont besoin pour réussir.

« Il nous est tous arrivé au moins une fois dans notre vie de vouloir nous dépasser juste parce que quelqu'un s'était vraiment intéressé à nous. Cela a pu être un professeur, un employeur, un collègue ; l'important, c'est que cette personne s'est vraiment intéressée à ce que nous étions, à nos désirs, à nos accomplissements. Cela a fait que nous nous sommes sentis plus sûrs de nous, que nous nous sommes vus grandir à nos propres yeux et aux yeux de la personne. Quelle différence ! »

« Oui… je pense notamment à un professeur qui a tellement cru en ma créativité que cela m'a donné le goût d'aller en publicité. »

« Je cherche toujours l'excellence dans la personne. Toute personne possède une chose dans laquelle elle excelle, poursuit Eugène Tassé avec animation. Vous excellez dans beaucoup de choses, Robert. »

Cette dernière remarque déstabilise momentanément Robert qui ne s'y attendait pas du tout. Cela lui fait du bien. Il a le sentiment d'avoir de la valeur aux yeux de l'homme assis en face de lui.

« Vous avez beaucoup de créativité, vous dégagez une énergie débordante et rafraîchissante, vous avez de l'ambition et vous portez attention aux autres…

« Mais continuons… Si nous allons vers l'autre personne, nous devenons plus engagés face à son succès au lieu d'être uniquement préoccupés par nos propres intérêts ou les objectifs de l'entreprise. En d'autres termes, nous sommes engagés dans la "culture entrepreneuriale" de l'autre, dans son succès face à ce qu'elle désire entreprendre pour sa vie. »

« La culture entrepreneuriale de l'autre… », répète Robert.

« Des relations solides reposent toujours sur une préoccupation réelle pour l'autre, pour ses objectifs, ses désirs et ses rêves. Et c'est à cela que je m'applique. L'autre est très important : un mauvais employé peut détruire votre commerce rapidement, mais un employé qui se sent valorisé de manière authentique va donner son maximum. La situation est alors avantageuse pour les deux parties, qu'en pensez-vous ? »

« Absolument ! »

« Remarquez autour de vous comme certaines personnes inspirent le respect et l'engagement, alors que d'autres inspirent la crainte, l'amertume, la rancœur. »

Robert se souvient de la lettre de cet ancien employé d'Eugène Tassé ; l'homme d'affaires désire que ses employés connaissent le succès et il veut pour eux ce qu'il y a de meilleur, comme pour lui-même.

« J'ai enseigné, autant à mes enfants qu'à mes employés, tout ce que j'ai appris. Je les ai aidés en les engageant dans des plans de participation à l'entreprise, je leur ai enseigné l'épargne et je les ai fait participer à des régimes d'épargne-investissement dans l'entreprise même. »

Robert est impressionné de voir qu'Eugène Tassé a pensé avant bien d'autres à offrir des programmes de participation à l'entreprise.

« Quand on considère l'autre comme une personne et non comme un objet, on ne le voit pas comme une menace, une nuisance ou un problème. On le voit comme un être humain qui a des rêves et des besoins comme nous et on développe avec lui des relations solides et authentiques. Il peut arriver que l'on ait à lui dire des choses difficiles, mais si on le fait dans son intérêt fondamental, avec authenticité et amour, il nous en sera un jour reconnaissant. »

Robert pense à Michelle et se demande dans quelle mesure il est toujours franc et authentique avec elle. Il tient beaucoup à elle, mais ne dit pas toujours ce qu'il pense de peur de nuire à leur relation. Il exprime sa pensée à son compagnon, car il le sait sage et compatissant.

« Mark Twain disait "Dans le doute, dites la vérité". C'est toujours une victoire pour vous et pour l'autre », confie doucement Eugène Tassé.

« Oui, mais cela peut parfois être aussi difficile à dire qu'à entendre... », ajoute Robert.

« C'est vrai, mais si cela est dit avec amour et compassion, n'ayez crainte. La vérité a bien meilleur goût que l'omission, le mensonge ou la flatterie. »

« C'est assurément ce que je voudrais pour moi », confie Robert.

« Pensez toujours gagnant-gagnant ! » lance Eugène Tassé.

« Je n'ai jamais aimé cette expression à la mode, parce que j'ai l'impression que si tout le monde gagne, personne ne gagne réellement. Prenez une joute de hockey : si tout le monde gagne, cela veut dire qu'aucune équipe ne gagne, non ? » explique Robert.

« Quand on pense à un jeu, on imagine toujours un gagnant et un perdant, c'est vrai. Et chacun désire bien sûr être le gagnant. En réalité, être gagnant au sport, c'est donner le maximum de ce que l'on peut donner et moins se préoccuper de la marque finale. Dans notre système d'éducation et nos milieux de travail, nous avons tendance à désigner des premiers de classe, des gagnants et des perdants, à encourager la compétition bien plus que la coopération. »

« Très juste. »

« Voyons les choses un peu différemment, si vous le voulez bien. Que se passe-t-il si vous tentez de faire gagner l'autre autant que vous-même ? »

« Je perds une partie de quelque chose pour la donner à l'autre. »

« À mon sens, il faut éliminer cette idée de perte et comprendre que tout le monde doit être gagnant. Le client qui achète à l'épicerie doit être gagnant en termes de qualité des produits, de service courtois et d'honnêteté du commerçant. Quant à l'épicier, il est gagnant s'il garde la fidélité de ses clients satisfaits. L'employé est gagnant s'il bénéficie de conditions de travail adéquates et de relations harmonieuses. L'employeur est gagnant si le service fait progresser l'entreprise. Le locataire est gagnant si les locaux sont propres et bien entretenus et si l'environnement est sûr et de qualité. Enfin, le propriétaire est gagnant s'il attire des locataires qui prennent soin de leur local. »

Robert est surpris de tant de simplicité et de lucidité.

« La philosophie gagnant-gagnant tient à cette préoccupation continuelle du bien-être de l'autre et à l'intérêt que l'on porte à ce qu'il soit gagnant lui aussi. Je vais vous raconter une anecdote qui s'est produite très tôt dans ma vie. Lorsque j'avais mon premier petit commerce, je vivais dans l'appartement au-dessus.

Je travaillais au magasin toute la journée et même souvent le soir, surtout lorsque j'apprenais à couper la viande. J'ai alors eu l'idée d'offrir le logement gratuitement à un couple qui en cherchait un, en échange de quoi ils s'occuperaient de mes repas, de l'entretien de mes vêtements et du ménage de ma chambre. Nous étions tous vraiment gagnants : ils avaient un logement gratuit, et j'avais une chambre et des gens qui s'occupaient de moi. Il faut se rappeler, dit-il en riant, qu'à l'époque les hommes ne s'occupaient pas des tâches domestiques et ne savaient pas comment tenir une maison ou faire à manger. Pour moi, cela représentait donc beaucoup et pour eux, le fait d'avoir un endroit où loger représentait beaucoup aussi. Voyez-vous l'esprit gagnant-gagnant ? »

Robert était étonné d'une telle entente. « Où avez-vous trouvé pareille idée ? » demande-t-il.

« Je ne sais pas, l'idée m'est sans doute venue parce que j'aime aider les gens et qu'à ce moment-là, le cerveau tourne plus vite et est plus créatif. À quels moments dans notre vie joue-t-on de manière à ce que l'autre gagne et à quels autres moments joue-t-on pour que l'autre soit perdant ? La personne qui conduit en état d'ébriété fait courir des risques aux autres et joue donc de manière à ce que les autres soient perdants. La personne qui ne remet pas l'argent qu'on lui donne en trop par erreur dans un magasin, celle qui jette ses déchets un peu partout ou celle qui arrache des fleurs dans une plate-bande publique… ces personnes font perdre les autres. De même, l'employé qui est maussade fait en sorte que l'entreprise est perdante.

« Que dire maintenant de celui qui, à la station-service, lave le pare-brise sans qu'on le lui ait demandé, de celui qui nous ouvre la porte alors qu'on a les bras pleins, de la serveuse qui accueille les clients avec le sourire et qui jette toujours un coup d'œil pour s'assurer qu'ils ne manquent de rien ; ces personnes, chacune à leur façon, veulent que leurs clients soient gagnants ainsi que leur entreprise. Et elles sont elles-mêmes gagnantes dans leur cœur.

Cela aussi est très important, car nos sentiments nous accompagnent à chaque instant. »

« Je vois, c'est comme le travail bien fait. C'est vrai que l'on se sent bien dans ces situations. »

« Il faut être à l'écoute de ses clients, Robert, car ce sont eux qui font vivre l'entreprise. Pas de clients, pas d'entreprise ! Il faut les aimer beaucoup et bien les servir pour qu'ils reviennent souvent. Et comme vous ne pouvez toujours servir vous-même tous vos clients, vous devez transmettre cette façon de faire à vos employés, car ils vous représentent d'une certaine façon. Ce n'est pas différent pour un collègue de travail. »

Robert pense que cela s'applique aussi pour sa femme, Michelle.

« Vous vous rappelez le texte que je vous ai donné tantôt qui disait "s'il n'y a pas d'amour, il n'y a rien" ? Cela veut dire que si ce que vous faites n'a pas l'amour comme fondement, cela ne repose pas sur une base solide. L'amour donne de la valeur au geste qui est posé. Or, cet amour commence par vous-même. Il est dit d'aimer son prochain comme soi-même, ce qui signifie que la référence, c'est nous-mêmes. Vous devez vous aimer, savoir qui vous êtes et vous tourner ensuite complètement vers l'autre. »

« Mais parfois on ne s'aime pas beaucoup, surtout quand on pense à nos erreurs », avoue Robert.

« Jeune homme, l'erreur n'est pas là pour vous faire perdre confiance en vous. Elle est un apprentissage. Ce qui est vrai pour Edison, les frères Wright, est tout aussi vrai pour tout le monde, y compris vous ! À un certain moment, j'ai acheté une station-service et j'ai vite compris que ça n'était pas mon domaine de prédilection. Je n'ai cependant pas considéré cela comme un échec, mais comme une expérience. »

« Je comprends. Tout est dans la façon de voir les choses. »

« En effet, notre attitude et notre façon de penser font une différence énorme dans notre vie. Et cela est tout aussi vrai quand il s'agit de notre attitude envers les gens. Le succès repose sur les gens et les relations que l'on entretient avec eux. Il n'y a aucune richesse qui s'érige sans l'apport des autres. La plus grande force du succès repose sur les gens et c'est pour cette raison que j'ai toujours voulu porter une attention toute particulière, sinon prioritaire, aux personnes qui m'entourent. Rappelez-vous, Robert : fondez toutes vos relations sur l'amour et vous construirez sur du solide. »

Les deux hommes ont terminé leur repas et s'apprêtent à quitter le restaurant.

« Venez, nous allons traverser au comptoir de la Saint-Vincent-de-Paul, invite Eugène Tassé. C'est un organisme que j'ai fondé avec des amis il y a près de cinquante ans. Que le temps passe vite ! »

Robert se rappelle ce qu'il a toujours pensé de ce genre d'établissement. En entrant, il est surpris par la grandeur du local. L'endroit est bien tenu. Il circule entre les rangées et voit du mobilier de bonne qualité, des réfrigérateurs et des cuisinières, des lampes, de la vaisselle, des jouets et, tout au fond, des vêtements bien rangés.

« Mais il y a de tout, ici ! » s'exclame-t-il.

« Oui, et nous faisons attention au matériel qui nous est donné. Nous voulons de la qualité. »

« Est-ce que vous donnez les articles ? »

« Non, ils sont vendus, mais à un prix bien inférieur à la valeur marchande. L'argent recueilli sert à aider d'autres organismes de charité ou à vocation sociale, comme la Maison d'accueil Mutchmore, qui aide notamment les familles monoparentales. »

« Quand au juste avez-vous ouvert le Comptoir ? » demande Robert, curieux.

« En mars 1965. »

« Et qu'est-ce qui vous a motivé ? »

« J'aime aider à changer la vie des autres. Et c'est en unissant nos efforts que l'on peut y arriver. Vous savez, on ne réalise jamais tout le bien que l'on fait quand on fait le bien et tout le mal que l'on fait quand on fait le mal. Je préfère choisir de faire le bien et je cherche les endroits où il y a des besoins. Le don est lié à la générosité du cœur et c'est encore une question de choix. Demandez-vous, Robert, si vous choisissez de voir les besoins autour de vous ou si vous préférez les ignorer. »

« Vous savez, avoue Robert, je ne me suis jamais posé cette question. J'étais concentré sur mes études, ensuite sur mon travail, puis sur la famille. C'est comme si je n'avais pas le temps de m'arrêter à cela. Mais tout est question de choix, je sais... »

« Dès l'âge de 18 ans, je savais que je voulais être utile à ma communauté et je désirais travailler pour le bien des gens autour de moi. Notre vie change lorsque nous choisissons d'aimer les autres et de partager avec eux. Notre façon de voir la vie se transforme. Cela donne du sens à notre vie, Robert. »

« Mais comment en êtes-vous arrivé au comptoir de la Saint-Vincent-de-Paul ? Cela aurait pu être toute autre chose, n'est-ce pas ? » demande Robert.

« Je ne peux vraiment pas passer sous silence l'histoire et la mission de la Société de Saint-Vincent-de-Paul pour vous parler de mon engagement et de la raison de mon choix. C'est bien simple : le fondateur de la Société, Frédéric Ozanam, est un modèle d'engagement social que j'admire et je trouve qu'il y a de grandes leçons humanitaires à tirer de son œuvre. M'engager dans cette voie était pour moi une façon de promouvoir cette société construite et développée par des laïcs catholiques. »

Robert écoute attentivement.

« C'est une histoire très intéressante. En 1833, Frédéric Ozanam, âgé de 21 ans, étudiait à l'Université de Paris et il voyait la pauvreté qui régnait au sein de la société parisienne. Catholique convaincu, il a décidé de créer avec six de ses confrères de classe un organisme d'aide ayant pour but de soulager la souffrance des gens dans le besoin. Cet organisme s'est appelé la Conférence de la Charité. Cet humble geste venant d'étudiants a créé un élan de charité et de nombreuses personnes ont accepté de partager une partie de leur richesse et de donner de leur temps pour aider les démunis. La Conférence de la Charité est par la suite devenue la Société de Saint-Vincent-de-Paul, qui est aujourd'hui d'envergure internationale mais qui a toujours gardé une mission d'aide locale. C'est ce qui fait très certainement sa force, son efficacité et sa richesse sur le plan humain. »

« Mais que faites-vous exactement ? Exploitez-vous seulement le comptoir ? »

« Au tout début, nous allions par petits groupes visiter des gens. Nous nous rendions dans des familles démunies afin de leur donner des coupons pour la nourriture. Je me souviens d'une famille qui vivait sur la terre battue. C'était froid et humide. Après notre visite, je suis retourné au commerce pour chercher des caisses de bois servant au transport des marchandises, afin qu'ils puissent faire du feu. Nous ne soupçonnons pas, Robert, toute la misère qui peut se cacher derrière une porte close. »

Robert acquiesce. Il est touché.

« La mission de la Société de Saint-Vincent-de-Paul est de répondre aux besoins des gens dans la misère et de faire en sorte d'en corriger les causes et d'éliminer la souffrance qu'elle engendre. Tout le travail se fait en véhiculant le message chrétien d'amour et de charité. Ce sont mes convictions chrétiennes profondes qui me dictent de travailler dans la justice, la charité, l'entraide et la solidarité ; d'autres sont motivés par des convictions humanistes.

« Toutes les personnes dans le besoin reçoivent de l'aide sans égard à leurs croyances, leurs opinions, leur couleur, leur origine, leur culture ou leur orientation sexuelle. L'aide, essentiellement locale, est dirigée vers les pauvres, les sans-abri, les affamés et les malades. De cette manière, elle parvient directement à destination. Tous les dons reçus sont versés aux démunis, car les frais d'administration sont couverts par d'autres activités. »

« C'est très bien, car les gens qui donnent de l'argent craignent toujours que leurs dons ne parviennent pas à ceux qui en ont réellement besoin », renchérit Robert.

« Le but premier d'une telle œuvre, c'est de véhiculer un esprit d'amour et de charité. Il y a dans le service aux autres, et surtout aux plus pauvres et à ceux qui souffrent, une sorte de prolongement de l'amour de Dieu et de l'amour du prochain. Mais peu importe ce qui vous motive, il faut savoir que nous avons tous un rôle à jouer dans notre communauté. »

Robert, toujours très attentif, est songeur.

« Chaque fois qu'une nouvelle conférence de la Saint-Vincent-de-Paul est fondée dans un quartier résidentiel moderne, je suis étonné de voir que les gens pensent qu'il n'y a pas de pauvreté ou de détresse à cet endroit. Il y en a pourtant là comme ailleurs, mais elles portent un nom et un visage différents : elles s'appellent la maladie, la souffrance, le déchirement des foyers, les familles monoparentales, l'angoisse, l'espoir perdu. Ces nouvelles formes de détresse se cachent, et elles ne se soignent pas comme la pauvreté traditionnelle qui, soit dit en passant, est présente dans ces quartiers aussi. »

Robert est ému d'entendre l'homme d'affaires parler avec une telle compassion, une telle détermination à aider. Il constate que l'authenticité ne se révèle pas avec des mots, mais avec des actions.

« L'aide aux enfants et aux familles est surtout dispensée sous forme d'argent, de vêtements, de meubles et de nourriture. Environ 70 pour cent des familles dans le besoin sont monoparentales. »

« C'est pour cela que vous avez ouvert la Maison d'accueil Mutchmore, qui vient surtout en aide aux femmes monoparentales ? » demande Robert.

« Oui, c'est un des grands problèmes de notre temps. Les familles se brisent à un rythme étourdissant et les femmes sont très souvent désavantagées dans de telles situations. Elles ont au départ des revenus moindres et se retrouvent bien souvent avec un fardeau financier accru parce qu'elles ont la garde des enfants. Mais la plus grande pauvreté, c'est la solitude que vivent les gens dans notre société individualiste où l'on ignore les personnes en difficulté. C'est ce qui m'a motivé à fonder la Maison d'accueil Mutchmore. »

« C'est tout à fait juste. Notre société est gagnée par l'indifférence ; tout comme, les gens qui se disent "bonjour, comment ça va ?" sans vouloir vraiment connaître la réponse. »

« Vous avez raison. Au fond, l'histoire de Frédéric Ozanam m'a touché dès que j'ai lu son œuvre. La Société de Saint-Vincent-de-Paul est l'un des rares organismes de bienfaisance qui rejoint vraiment ma philosophie, mes croyances et mon style d'aide aux démunis. J'y ai donc consacré le plus de temps possible dès que mes affaires me l'ont permis. Au début, je gérais un petit commerce auquel je devais consacrer tout mon temps, mais dès que je suis passé à la gestion de plus gros commerces, je me suis entouré de collaborateurs et j'ai pu me libérer pour donner du temps à des associations et des œuvres qui me tiennent à cœur. Je le fais depuis l'âge de 25 ans. »

Depuis l'âge de 25 ans ! C'est dix ans de moins que mon âge actuel, se dit Robert en pensant qu'il ne s'est jamais engagé dans une œuvre sociale.

« Savez-vous que ce comptoir-ci possède son propre édifice ? Nous l'avons acheté en 1979 et il loge aussi d'autres organismes d'aide aux démunis. J'ai été administrateur du comptoir de la rue Eddy à Hull dès ses débuts et président de son conseil d'administration à plusieurs reprises. Durant un de mes mandats, j'ai mis sur pied une campagne de financement et, avec une équipe du tonnerre, nous avons réussi à recueillir assez de fonds pour acheter l'édifice de la rue Eddy. Le comptoir est une vraie PME, très efficacement gérée par un conseil d'administration bénévole ; une PME sans but lucratif, bien sûr, comme tous les programmes et activités de la Saint-Vincent-de-Paul. Le comptoir recueille les dons auprès de la population et met les articles en vente au magasin. Des boîtes de collecte sont placées à divers endroits stratégiques et nous avons aussi un camion pour aller chercher les plus gros morceaux directement chez les gens. »

Robert avait également appris dans ses recherches qu'Eugène Tassé était l'un des fondateurs de l'Accueil Ozanam de Hull, ouvert par le comptoir de la Saint-Vincent-de-Paul en octobre 1974.

« Et l'Accueil Ozanam, qu'est-ce que c'est ? » s'enquiert-il.

« C'est un organisme qui accueille des gens qui vivent des situations précaires. Aujourd'hui, il s'appelle la Soupe populaire. Nous avons acheté une maison sur la rue Frontenac pour y offrir des repas aux démunis et des loisirs aux personnes seules.

« Je me suis toujours dit que ce que j'ai acquis au fil des ans, c'est la communauté qui m'a permis de le gagner, même si j'ai dû travailler très fort pour l'obtenir. J'ai donc la ferme conviction que je dois en partager une partie. J'ai aussi appris l'importance d'encourager un certain partage de la richesse, tant au niveau local que régional, national et mondial. C'est un devoir si l'on considère que Dieu nous permet d'augmenter nos avoirs grâce aux talents et aux dons qu'il nous a donnés pour réaliser notre plan de vie. Comme croyant, je me dois de répondre à l'appel du Seigneur qui nous demande de penser aux autres comme à nous-mêmes. La charité ou la philanthropie, comme certains l'appellent, est devenue partie intégrante de ma vie. »

« Mais il y aura toujours des gens pauvres... »

« C'est vrai. C'est pourquoi il faut toujours s'employer à aider les gens qui sont dans la misère et qui souffrent. Il ne s'agit pas de leur faire l'aumône ou de les habituer à mendier. Nous devons leur montrer comment s'en sortir. J'ai beaucoup voyagé dans ma vie et j'ai vu quantité de peuples, de familles et d'individus dans la misère. Une grande partie de ces gens veulent s'en sortir et font déjà des efforts en ce sens. Selon moi, ce sont eux qu'il faut prioritairement aider à se prendre en main. Il faut les aider à devenir les entrepreneurs de leur propre survie et de leur propre réussite. Ce n'est pas par la mendicité que les pauvres régleront leur situation.

« Je pense aussi qu'il ne faut pas donner les yeux fermés. Il faut s'assurer d'abord que l'aide acheminée parvient à destination et y est utilisée aux fins prévues. Être philanthrope, pour moi, ne se limite pas à donner de l'argent ; on peut aussi mettre son temps, son talent et ses connaissances au service des autres. »

« On m'a dit que vous étiez engagé aussi en Afrique et en Inde. »

« Oui, depuis 1955, j'ai participé à des projets d'aide humanitaire au Tchad. J'ai surtout contribué à la construction de dispensaires, d'écoles, d'hôpitaux, de chapelles et d'églises.

« Un jour, je me suis impliqué auprès de la SOPAR, qui veut dire Société de Partage. L'organisme, qui a d'ailleurs vu le jour à Gatineau, au Québec, s'appelait au départ Partage Reddipalem, du nom d'un village dans le sud de l'Inde. Il a été fondé par Angèle Gingras, une Indienne, et son mari André Gingras, employé à l'Agence canadienne de développement international, une agence gouvernementale canadienne. Leur mission est d'aider les plus démunis en Inde à s'aider eux-mêmes et à améliorer leurs conditions de vie. C'est cette mission qui m'a incité à leur apporter mon aide.

« La SOPAR s'intéresse surtout aux projets d'approvisionnement en eau potable. On dérive des eaux pour les amener là où on en a besoin ; j'ai d'ailleurs participé au creusage de plusieurs puits communautaires. Le groupe appuie aussi les femmes villageoises et les fermiers. Bref, il répond à mes objectifs en matière d'aide internationale.

« Comme homme d'affaires, j'ai voulu participer aussi à un projet visant à établir un fonds de roulement pour financer la micro-entreprise sur le territoire indien. On appelle cela le micro-crédit. »

« Qu'est-ce que c'est au juste ? » demande Robert.

« En fait, j'ai entendu parler du micro-crédit la première fois dans un article du *Reader's Digest*. Il s'agit de prêter avec intérêt à des individus des montants allant de 50 à 400 dollars. L'emprunteur doit rembourser son prêt dans les dix mois suivant l'autorisation. Il peut ainsi acheter ce dont il a besoin pour améliorer son entreprise ou en accroître la production. Le fermier, par exemple, achète un ou deux animaux, une dizaine de poules ou une pièce d'équipement. Avec les profits réalisés grâce à cet achat, il paie son prêt tout en assurant une meilleure qualité de vie à sa famille. Le concept m'a emballé. J'ai donc communiqué avec l'auteur de l'article, qui m'a mis en contact avec des responsables du micro-crédit en Inde.

« Au fil des ans, j'ai constitué un fonds de roulement de plus d'un million de dollars pour aider les gens de l'Inde. Dans l'ensemble, 98 pour cent et plus des emprunteurs remboursent leur prêt dans les dix mois prescrits. Depuis la mise sur pied du projet, d'autres organismes européens sont venus grossir le fonds de roulement, qui a atteint plus de deux millions de dollars et permis depuis seize ans de consentir plus de 100 000 prêts. »

« C'est énorme. Quel impact cela a-t-il eu ? »

« Les gens deviennent plus autonomes, puis c'est l'ensemble du village qui se développe. Quand je suis retourné en Inde en janvier 1998, je voulais voir de mes propres yeux les résultats de l'aide que j'apportais à la micro-entreprise. Le paysage avait déjà changé depuis cinq ans et demi. Le fonds de roulement faisait son œuvre. Les gens, avant de recevoir des prêts, suivent une formation en finances personnelles et s'engagent au sein du groupe local pendant un an. Ensuite, les gens reçoivent leur prêt selon le taux d'intérêt régulier du pays. Le tiers des intérêts reste entre les mains du groupe local, le tiers va à l'administration locale et le dernier tiers retourne au fonds de roulement pour le faire grossir. Ce que veut la SOPAR, c'est donner aux entrepreneurs la chance de prendre leurs affaires en main, de développer eux-mêmes leur économie et d'accroître l'entrepreneuriat. Les gens sont fiers de ce qu'ils font. Les femmes et les hommes qui s'en sortent en motivent d'autres à en faire autant et à devenir créateurs d'emplois dans leur communauté. C'est une roue qui tourne. Pensez-y, Robert : plusieurs dizaines de villages indiens sont maintenant autonomes financièrement. Vous rappelez-vous quand je vous ai mentionné que même des gens parmi les plus pauvres sont sortis de la pauvreté en suivant les principes et les lois de la richesse ? »

« Quel progrès ! »

« En effet. Toutefois, ce n'est pas le nombre ou la quantité des actions qui compte, c'est leur qualité et leur authenticité. Les valeurs fondamentales reposent sur le respect de l'humain, de ses capacités et de ses réalisations. Je m'emploie tous les jours à refléter ces valeurs dans mes actions, de manière à ce que les gens les adoptent et que notre société en récolte les bienfaits. Car tout ce que nous faisons a un impact sur notre communauté. »

Robert n'avait jamais imaginé que le moindre petit geste puisse avoir un réel impact. Pour lui, la société est tellement vaste qu'elle fonctionne bien plus sur le « chacun pour soi ».

« Tout ce que j'entreprends, je le fais d'abord parce que c'est utile, mais surtout parce que j'aime le faire. C'est cela être son propre patron : entreprendre sa vie et choisir de faire des choses par amour. Tous les jours, je m'impose de réfléchir à mon plan de vie et à ma vision… »

« Encore aujourd'hui ? » demande Robert.

« Oui. Avant de prendre une décision, je m'assure toujours qu'elle est en accord avec mon plan de vie et qu'elle respecte un équilibre entre mes valeurs liées à la foi, à la famille et à la société, aux affaires ou au travail.

« Je crois en la vie, en la société et en ce que Dieu nous réserve pour l'avenir. Je suis persuadé aussi que ce que la société et la Providence nous permettent d'acquérir, nous devons le partager. C'est pourquoi je m'engage dans des organismes et des œuvres de bienfaisance qui rejoignent ma philosophie. Je continuerai tant et aussi longtemps que le Seigneur m'en donnera la capacité et la santé. Si j'ai misé sur des œuvres comme le comptoir de Saint-Vincent-de-Paul et des organismes comme la SOPAR c'est justement parce qu'elles prônent l'aide aux personnes et aux groupes grâce à la prise en charge individuelle. »

« Apprendre et faire, toujours et toujours, n'est-ce pas ? » commente Robert.

« Oui, Robert. J'ai aussi le devoir et le plaisir de donner encore du temps à ma famille qui ne cesse de grandir. Des générations s'ajoutent et je veux bien sûr laisser à tous le meilleur souvenir, mais surtout, je veux leur léguer le plus bel héritage au monde : des principes solides, le respect de tous ceux qui les entourent et l'amour du travail. La famille est la base de toute société. Comment développer convenablement une ville, une province, un pays et un monde forts si nous n'avons pas d'abord une cellule familiale forte, structurée, inspirée par des valeurs profondes. Il est primordial de léguer à nos enfants et à nos petits-enfants l'exemple de l'amour. »

Robert pense à sa famille, Michelle et Sarah…

« Voilà quelle a été ma mission et le plus extraordinaire, c'est que j'ai créé une fondation qui va permettre de la poursuivre pendant de nombreuses années, même longtemps après ma mort », confie Eugène Tassé.

Robert reste songeur en entendant ces paroles... « même longtemps après ma mort ». Créer et apporter une différence qui va durer, voilà une mission qui l'inspire.

✦✦✦✦✦✦✦

« Pas besoin d'être un héros pour agir
humainement. Dès la naissance,
nous avons tout ce qu'il nous faut. »

— Lewis Smedes

✦✦✦✦✦✦✦

« Seuls, nous accomplissons si peu ;
ensemble, nous pouvons faire tellement. »

— Helen Keller

✦✦✦✦✦✦✦

« On ne sait jamais tout le bien que l'on fait
quand on fait le bien...
et tout le mal que l'on fait
quand on fait le mal. »

— Eugène Tassé

✦✦✦✦✦✦✦

Épilogue

« Très souvent un changement de soi
est plus nécessaire qu'un changement
de situation. »

— Benson

Robert et Michelle rendent visite aujourd'hui à Eugène Tassé pour lui présenter leur dernier-né. Cela fait presque trois ans que les deux hommes ne se sont pas vus. Il y a eu bien sûr des coups de téléphone pour donner des nouvelles ou demander conseil, mais aucune rencontre.

Le couple est vraiment heureux de présenter leur fils David à l'homme d'affaires. Sarah est là aussi et elle tourne constamment autour de son petit frère.

« Bonjour, M. Tassé. »

« Bonjour, Robert. Bonjour, Michelle. Comment allez-vous tous les deux ? »

« Très bien », répondent à l'unisson Robert et Michelle avant d'éclater de rire.

« Entrez, entrez. »

Eugène Tassé les dirige vers une salle de réunion. En y pénétrant, d'excellents souvenirs montent à l'esprit de Robert. Il se souvient de ses rendez-vous avec l'homme d'affaires, son mentor devenu un ami au fil des rencontres. Il se souvient d'autant plus de leurs échanges qu'il réfléchit et applique constamment chacun des conseils de l'homme avisé. Il respecte la « condition de la richesse ».

« Quel beau petit bébé ! Qu'y a-t-il de nouveau dans votre vie, à part ce beau poupon ? Racontez-moi. »

Michelle regarde Robert pour lui indiquer que c'est à lui de rapporter toutes les bonnes nouvelles.

« M. Tassé, nous avons mis en application vos lois et vos principes sur la richesse et plus particulièrement sur la culture entrepreneuriale, comme vous dites. Nous avons décidé que notre vie ressemblerait à nos désirs les plus profonds et nous avons pris la résolution de ne pas nous laisser ralentir par nos limites, ou plutôt par ce que nous percevions à l'époque comme étant des limites. Finis les petits discours négatifs derrière la tête ! » s'exclame Robert avec un sourire.

Eugène Tassé se met à rire, vite imité par les autres.

« Nous avons vendu notre maison il y a deux ans et acheté un triplex en très bonne condition. Vous le savez, d'ailleurs, car je vous ai demandé votre avis. Nous sommes réellement satisfaits. C'est spacieux et depuis que nous y avons fait des rénovations, l'endroit est très agréable. Mais surtout, poursuit-il en regardant Michelle, nous avons fait beaucoup d'économies, car notre loyer ne nous coûte plus rien. Nous sommes étonnés de ce que nous avons pu faire en trois ans en appliquant les principes et les lois de la richesse !

« Ce qui nous semblait impossible à réaliser et, il faut bien l'admettre, ne nous apparaissait pas très alléchant comme mode de vie nous enchante aujourd'hui. Nous avons enfin des économies qui nous permettent d'investir et, dès l'an prochain, nous pensons pouvoir acheter un autre triplex ou même un quadruplex. »

Eugène Tassé est fier. Ses yeux expriment la joie et l'enthousiasme qu'il ressent en entendant ces bonnes nouvelles.

« C'est beau de vous voir si heureux ! »

« Ce n'est pas tout. Nous avons payé la majeure partie de nos dettes grâce à la vente de la maison et au déménagement dans notre triplex. Cela m'a permis par ailleurs de rétablir de bonnes relations avec un ami. C'est bien fini d'emprunter pour rien, surtout à la parenté et aux amis ! »

Eugène Tassé acquiesce d'un signe de tête.

« Mais ce qui a sans doute la plus grande valeur, M. Tassé, c'est que nous avons retrouvé une paix d'esprit que nous avions perdue depuis longtemps. Nous ressentons maintenant beaucoup d'excitation en pensant à tout ce qui est possible pour nous. »

« Même notre Sarah apprend la beauté de ces principes, poursuit Michelle. Chaque fois que nous lui donnons quelques dollars ou qu'elle en reçoit aux fêtes, elle en met immédiatement la moitié de côté, comme vous l'avez fait vous-même. »

Robert se sent privilégié en regardant Sarah s'amuser avec les pieds de son petit frère qui dort bien sagement dans les bras de Michelle.

« Dis-lui la grande nouvelle », lui lance Michelle.

Eugène Tassé se tourne vers Robert avec curiosité.

« Eh bien, il y a un an, j'aidais un collègue à terminer un projet de grande envergure pour un client exigeant du bureau. Quand nous avons terminé, nous avons pris un café pour relaxer un peu et en parlant de nos projets, il m'a dit que son cousin travaillait pour le groupe *Family Films*, qui produit des films pour la famille. Pour le moment, ils sont établis aux États-Unis et au Canada anglais et ne produisent que des films en anglais. J'ai tout de même pris contact avec eux et je leur ai parlé de mes projets de films véhiculant des valeurs de courage, de détermination, etc. Vous vous souvenez ? »

Eugène Tassé hoche la tête.

« Eh bien, ils songent justement à produire des films en français ! Je leur ai soumis un projet et ils ont accepté de soutenir financièrement mon premier film », s'exclame Robert, plein de joie.

« Robert, quelle belle nouvelle ! Je suis ravi d'entendre cela. »

« J'ai demandé au bureau que l'on m'accorde un congé pour l'été et ils ont accepté. Ce qui veut dire que cet été, je vais écrire le script de mon premier film ! Je travaille fort ces temps-ci, mais c'est tellement agréable. »

« En parlant de travail, Robert a même appris à faire de petites réparations », ajoute Michelle sur un ton taquin.

« Oui, j'ai surtout appris à m'écraser les doigts... »

« Et puis, il y a eu l'arrivée de David dont nous sommes tellement heureux...

« Les faits nous prouvent maintenant qu'il n'est pas possible de vivre une vie pleinement épanouie en négligeant l'aspect financier. Certains font l'apologie de la pauvreté ou de la simplicité et c'est bien si on l'oppose au gaspillage des ressources ou à la consommation à outrance. Néanmoins, il faut de l'argent pour vivre, et personne ne peut mettre de côté cette dimension. Nous l'avons bien compris. »

La discussion se poursuit ainsi dans les rires et la joie...

En les regardant partir, Eugène Tassé se sent particulièrement satisfait et heureux, car il connaît depuis longtemps les bienfaits de choisir la richesse et la liberté.

✦✦✦✦✦✦✦

« L'homme est à l'image de ses pensées
les plus secrètes. »

— Le roi Salomon

✦✦✦✦✦✦✦

« Le succès est la somme de petits efforts,
répétés jour après jour. »

— Leo Robert Collier

✦✦✦✦✦✦✦

« Décidez du sens que vous entendez donner
à votre vie. Ensuite, organisez toutes
vos activités en conséquence. »

— Brian Tracy

✦✦✦✦✦✦✦

Postface

ou

Le plan de vie d'Eugène Tassé

Très peu de personnes pensent à leur vie dans son ensemble. Ils vivent dans le quotidien en étant bercés, sinon bousculés, par les événements de la vie, tributaires de ces événements au lieu d'en être les maîtres. Quant à ceux qui pensent à ce que sera leur vie, ils y rêvent jusqu'à leur retraite puis réalisent parfois quelques projets avant la fin inéluctable.

Le secret d'une vie réussie est d'établir son PLAN DE VIE. Personne ne peut se rendre à bon port sans connaître sa destination! Évident, direz-vous? Néanmoins, la réalité qu'observe quotidiennement Eugène Tassé est que les gens aspirent au plus profond d'eux-mêmes à une vie réussie, mais ne savent pas à quoi va ressembler cette vie. Ils croient à tort que ce sont les circonstances qui détermineront le genre de vie qu'ils auront.

Dès l'âge de 18 ans, Eugène Tassé, né dans le petit village de Bourget au temps de la récession, avait déjà tracé son plan de vie. Il savait ce qu'il voulait : être son propre employeur, car c'est l'une des façons les plus puissantes de créer de la richesse ; se marier, car il ne se voyait pas du tout célibataire ; avoir beaucoup d'enfants, car il était le cadet de sa famille et le contact avec d'autres enfants lui avait manqué, et finalement, travailler pour sa communauté.

Le petit Eugène devient vite un enfant sérieux. La vie est dure dans ce petit village de l'Est ontarien où les gens exploitent des terres de sable et sont affaiblis par la récession. Il perd sa mère dès l'âge de 10 ans et est élevé par sa sœur Estelle, qui lui promet de ne pas se marier avant qu'il soit entré au collège. Son père est un homme d'affaires qui possède la forge du village et qui saisit toujours les occasions lorsqu'elles se présentent. Il apprend à son jeune fils l'épargne. La recette est simple : mettre de côté cinquante cents de chaque dollar gagné.

Eugène accepte dès le départ cette austérité. Fuyant les dépenses inutiles, il opte pour la simplicité volontaire car il sait que pour réaliser son plan de vie, il a besoin d'argent. Il sait tout naturellement que l'argent est l'outil nécessaire pour réaliser les projets et atteindre les buts qu'il s'est fixés. Sans argent, on ne peut rien réussir. Il faut de l'argent pour combler ses besoins élémentaires tout autant que pour aider les autres. Et Eugène Tassé a l'intention d'aider beaucoup. Donc, la règle est simple : il doit épargner et éviter les dettes. Au début, il accepte volontiers de faire des sacrifices pour créer son entreprise et générer de l'argent, sachant qu'ensuite, quand cet argent aura « fait des petits », il pourra ouvrir les cordons de sa bourse.

Après ses études en commerce à l'Université d'Ottawa, il commence à travailler pour un magasin Sherwin-Williams, où il vend de la peinture pour un salaire qui varie au fil des mois entre 16 et 26 dollars par semaine. En peu de temps, il réussit à mettre 1000 dollars de côté grâce à une détermination inflexible. Rien ne peut le détourner de sa vision. À 20 ans, il s'engage sur la voie des affaires et achète un petit dépanneur avec son frère, de 15 ans son aîné. Il a 200 dollars d'inventaire et commence à vendre des bonbons et des cornets de crème glacée ; puis il agrandit le petit magasin en utilisant une pièce située à l'arrière, ce qui lui permet d'avoir un peu plus de marchandise ; enfin, il achète la partie de l'entreprise appartenant à son frère pour en devenir l'unique propriétaire. Par la suite, un voisin lui montre comment tailler la viande et il ajoute un comptoir de boucherie. Et c'est parti...

À la même époque, il rencontre Paulette, femme de foi, et l'épouse après s'être assuré qu'elle désire aller dans la même direction que lui. Elle le soutiendra toute sa vie. Malgré la vie simple qui marque leurs premières années, Eugène Tassé s'assure que sa famille ne manque de rien. Évidemment, les objets de luxe sont évités. Avant tout achat, il se pose invariablement la question : « Est-ce que j'en ai vraiment besoin ? » Ses cols de chemise usés, il les fait tourner de côté par une cliente couturière, et il fait réparer ses souliers au lieu d'en acheter d'autres. Ces sacrifices, il les fait de bon gré en sachant qu'après un départ solide, tout ira bien pour lui et sa famille.

Après le premier dépanneur, le jeune homme d'affaires fait construire une petite épicerie et commence à acheter quelques maisons. À l'âge de 30 ans, non seulement il possède un commerce et quatre propriétés, mais il n'a aucune dette ! Qu'il s'agisse d'une maison ou d'une automobile, il paie comptant. À 35 ans, il pourrait déjà prendre sa retraite, mais sa vision d'un monde meilleur est plus forte que tout : il souhaite accomplir davantage pour apporter une plus grande contribution. Voilà la philosophie qu'il prône.

La parabole des talents énoncée dans l'Évangile de l'apôtre Matthieu a pour lui une grande valeur. Jésus y raconte qu'un maître a confié à trois de ses serviteurs le soin de veiller sur ses avoirs et de les faire fructifier. À l'un il a remis cinq talents, à l'autre, il en a donné deux et au dernier, il en a confié un seul. À son retour, le premier serviteur lui remet dix talents, le deuxième lui en redonne quatre et le dernier lui remet le seul et même talent reçu au départ. Le maître complimente les deux premiers serviteurs et qualifie le dernier de mauvais serviteur en lui disant qu'il aurait pu mettre le talent à la banque et qu'il aurait au moins reçu des intérêts. En fait dans cette parabole, un talent n'est pas un don, mais bien une monnaie qui équivalait à l'époque à six millions de pièces. Eugène Tassé a bien l'intention d'être un « bon serviteur ».

Son plan de vie est clair et il repose sur des principes solides desquels il ne dévie jamais. Chaque décision qu'il prend est soumise à un filtre qui comporte trois critères : Dieu, la famille, les gens. Un, Eugène Tassé croit profondément en Dieu et il veut que ses décisions soient en accord avec Sa Parole. Deux, il souhaite que tout se fasse en équilibre avec les besoins de la famille et sans causer de préjudice à sa femme Paulette et à leurs neuf enfants. Trois, il sait que rien ne se fait seul et qu'il doit construire avec des employés, des partenaires, des clients... Il se répète comme un credo : « On ne sait pas tout le bien que l'on fait quand on fait le bien et on ne sait pas tout le mal que l'on fait quand on fait le mal. » Convaincu de cette pensée, il crée en tout temps des situations où tous sont gagnants, et ce, dès le début de sa vie active. Lorsqu'il achète le dépanneur, il y a un logis au deuxième étage qu'il loue pour ses besoins. Mais comme il travaille constamment à l'étage en dessous, il n'est pas là le jour, il propose donc à un couple ayant besoin d'un logement de venir s'installer dans le logis sans aucun frais, et leur demande en échange de lui réserver une chambre, de faire son lavage et ses repas. La situation est gagnante-gagnante pour les deux parties. Son esprit déborde de créativité qu'il utilise à son propre avantage et qu'il met également au service des autres.

Sa persévérance inébranlable, son engagement indéfectible et son travail assidu lui font connaître le succès. En 2009, il possède plus de 1000 logements locatifs et plusieurs centres commerciaux. Les temps ont parfois été difficiles, mais il a combattu, car « tout ce que tu fuis te poursuit et tout ce à quoi tu fais face s'efface ». À l'âge de 81 ans, il entreprend la construction d'un nouveau centre commercial. Il se demande s'il n'est pas trop vieux maintenant pour s'engager dans un tel projet puis il se dit qu'après tout, il n'y a pas de différence entre lui et un homme de 50 ans, car ni l'un ni l'autre ne sait pas s'il va vivre ou mourir demain.

Pour lui, la vie est une mission, un but, une tâche qu'il s'est donnée avec un sentiment de devoir. Il est animé par un profond désir que tous réussissent. Ce qu'il a appris de son père, il l'enseigne à ses enfants et à ses employés. Aujourd'hui, ses enfants sont tous prospères et plusieurs de ses employés l'ont quitté pour créer leur propre entreprise, à sa grande satisfaction. Pourquoi ce souci du bien-être d'autrui? Parce qu'il voit trop de gens aux prises avec des problèmes financiers et se désole de voir plus de la moitié des mariages se briser à cause de problèmes d'argent. Il donne à ses enfants qui travaillent dans l'entreprise et à ses employés une occasion d'y investir et d'en retirer des taux d'intérêt plus élevés que le rendement des institutions financières.

La culture entrepreneuriale est l'antidote à la pauvreté, comme le rapporte Paul-A. Fortin dans son livre du même titre. Il a fait sienne cette prémisse dès son plus jeune âge. Aujourd'hui, Eugène Tassé a inspiré la création de *L'École de l'argent* par le Carrefour Jeunesse Emploi à Gatineau. Aujourd'hui, c'est tout le Québec qui vient voir ce qui s'y fait, car les jeunes qui en ressortent ont pu y combler une lacune importante de leur programme d'enseignement en recevant une formation en finances. Il verse également des fonds à l'Université d'Ottawa pour la tenue d'un concours sur un projet entrepreneurial et à l'Université du Québec en Outaouais pour un cours sur la gestion des finances.

L'une des convictions profondes de l'homme d'affaires, c'est que tout le monde possède un rêve et que tout le monde détient les ressources intérieures pour le réaliser.

Le philanthrope n'attend pas le nombre des années pour venir en aide aux autres; c'est pour lui une question d'engagement et de générosité. À ses yeux, la générosité n'est pas une affaire d'argent, elle est un mode de vie, une façon d'être. Eugène Tassé est un homme généreux à tous points de vue : il partage volontiers ses rêves, son expérience et ses encouragements et il est généreux aussi bien envers sa famille qu'envers ses amis, ses employés et les démunis de sa localité, de sa région et du Tiers-Monde.

Dès la trentaine, avec l'aide de confrères, il ouvre le comptoir de Saint-Vincent-de-Paul à Gatineau (dans le secteur Hull) dans le but de venir en aide aux démunis. Il fait des visites chez les gens, leur apporte des coupons d'alimentation, leur fournit du bois pour le chauffage et surtout leur donne du réconfort. Homme de service, il se dévoue et est présent partout où il peut être utile.

Plus tard, il fonde avec des membres du conseil d'administration du Comptoir la Maison d'accueil Mutchmore pour venir en aide aux familles dans le besoin, particulièrement aux femmes monoparentales. Il participe également aux campagnes de Centraide, au financement d'hôpitaux et à bien d'autres causes humanitaires.

Il s'engage activement dans le micro-crédit en Inde pour aider les femmes qui souffrent cruellement de la pauvreté. Il injecte les fonds nécessaires au micro-crédit tout en enseignant les principes de la gestion financière. Aujourd'hui, plusieurs dizaines de villages vivent de manière autonome et financent eux-mêmes leurs propres projets. La roue a commencé à tourner dans le bon sens, celui de l'abondance et de l'autonomie.

Humaniste dans le vrai sens du terme, Eugène Tassé voit grand. Il veut continuer son œuvre inlassablement pendant encore des décennies, même après son décès. Sa fortune sera ainsi consacrée à poursuivre sa mission au fil des années, car il a encore aujourd'hui le goût de vivre pour les vrais enjeux de la vie : la lutte contre la pauvreté et le mieux-être de l'humanité.

RECYCLÉ
Papier fait à partir
de matériaux recyclés
FSC® C021757

Marquis imprimeur inc.

Québec, Canada
2011

Imprimé sur du papier Silva Enviro 100% postconsommation
traité sans chlore, accrédité Éco-Logo et fait à partir de biogaz.